Victoria sobre

la depresión

Ricardo Vivas Arroyo

*Nuestra misión es ofrecer eficientemente el mejor y más exhaustivo servicio de
publicación de libros en el mundo, facilitando el éxito de cada autor. Para conocer
más acerca de cómo publicar su libro a su manera y hacerlo disponible alrededor del
mundo, visítenos en la dirección www.trafford.com*

Trafford rev. 10/09/09

 www.trafford.com

Para Norteamérica y el mundo entero
llamadas sin cargo: 1 888 232 4444 (USA & Canadá)
teléfono: 250 383 6864 ♦ fax: 812 355 4082

Victoria sobre la depresión

Adaptación y estilo: Ricardo Vivas Arroyo

Diseño: Ricardo Vivas Arroyo

Diseño de portada y contraportada: Edna Vivas Aguilar

Fotografía: Zabdi Vivas Aguilar.

A menos que se indique lo contrario,

todos los textos bíblicos fueron

tomados de la versión en español Reina-Valera 1909,

publicada en la versión electrónica gratuita de e-Sword, por

la iglesia Eben Ezer de Honduras.

www.iglesiacristianaadullam.org

ricovich@hotmail.com

DEDICATORIA

Dedico este libro con todo cariño y respeto, a la memoria del apóstol Robert Ewing, y a mi pastor Moisés Caballero Téllez, a quienes Dios usó en forma determinante en mi formación ministerial.

A la memoria de mis amados y muy recordados padres: Tomás Vivas Villa y María del Pilar Consuelo Arroyo, de quienes recibí el amor, el ejemplo y la disciplina que me centraron en el temor de Dios, para amar sus caminos.

También lo dedico con todo mi amor a mi esposa Conchita, quien ha caminado a mi lado por 35 preciosos años, y a mis cinco hijos: Noemí, Eliseo, Josías, Zabdi y Edna, quienes sirven a Dios con todo su corazón, porque conocen al Dios de su Padre.

A mis hermanos y amigos, también a todos aquellos que aman al Señor Jesucristo y anhelan servirle y conocerle más cada día.

AGRADECIMIENTOS

Por sobre todas las cosas, doy gracias a nuestro amado y buen Dios y Señor Jesucristo, por su Salvación, por el bautismo con Espíritu Santo, por haberme llamado a su servicio, por los dones espirituales con que Él me ha equipado, siendo yo un vaso de barro sin valor, pero por su elección, un vaso de misericordia. Toda la gloria sea sólo para Él hoy y siempre. ¡Amén!

Agradezco mucho a la muy amada Iglesia Manada Pequeña, de la cual Dios me concedió ser un miembro por 20 años y un anciano gobernante por 10 años.

Agradezco también a la Iglesia Cristiana de Pachuca, con la que inicié mi servicio pastoral y me permitió crecer junto con ella. Siempre ocupará un lugar especial en mi corazón.

Mi inmensa gratitud a la Iglesia Cristiana Adullam, de Naucalpan Estado de México, a la que pastoreo desde sus inicios y con la que he sufrido todos sus momentos de angustia, y disfrutado sus muchos momentos de gloria. Mi muy amada iglesia local, de la cual recibo su total apoyo y oraciones, por la gracia de Dios.

También mi gratitud para todas las iglesias locales que Dios me ha concedido ayudar, confiado en que sus oraciones harán que este libro sea de bendición a muchos más que pueden ser añadidos al Reino eterno de nuestro amado Salvador Jesucristo.

CONTENIDO

SEGUNDA PARTE

EL BARRO Y EL ALFARERO

INTRODUCCIÓN

La depresión es un gran depredador de la felicidad humana. En México los datos estadísticos que existen no son precisos, se dice que el 5% de la población busca ayuda profesional al respecto, pero es de esperarse que el número de enfermos sean muy superiores a los conocidos por los servicios de salud oficiales y particulares, debido a que la inmensa mayoría de la población no tiene acceso a servicios médicos especializados. Los datos estadísticos en los Estados Unidos de Norteamérica, en donde la gente tiene más posibilidades económicas, muestran que el 9.5% de ciudadanos adultos padecen de depresión diagnosticada y en tratamiento, de los cuales, del orden del 2.1% son hombres y el 7.9% son mujeres. Para los casos de intento de suicidio, la proporción es la misma, aunque en personas mayores de 70 años, el porcentaje de varones aumenta. Por supuesto que ni en los Estados Unidos de Norteamérica, ni en otros países del primer mundo, es posible evaluar la cantidad real de personas que sufren de depresión severa, porque no buscan ayuda profesional, puesto que ni siquiera se consideran enfermos. La depresión ataca también a los jóvenes y aún a los niños, es alarmante la cantidad de suicidios que se dan entre los adolescentes.

Para entender mejor el problema, es necesario aclarar que no todos los momentos de tristeza son depresivos; la depresión tampoco es una debilidad del carácter, pero la verdad es que quien la padece, no puede liberarse de ella con sólo desearlo, debido a que la depresión es una auténtica enfermedad del alma, de tipo mental y emocional, pero con efectos físicos, porque está vinculada a reacciones bioquímicas del cuerpo; por lo que, sin la ayuda competente, los síntomas pueden durar semanas, meses e incluso años. En lo natural, hay muchas personas que padecen de depresión y pueden mejorar y hasta mantenerse estables si reciben la ayuda médica adecuada. También es necesario saber que hay aspectos espirituales que pueden deprimir a las personas, y en todo caso es necesario buscar la respuesta espiritual en la única fuente de libertad verdadera, que es Dios, mediante su Palabra y su Espíritu Santo.

Como pastor, por años me he visto involucrado con infinidad de personas en casos de crisis depresivas, incluso en creyentes que consideraba espiritualmente saludables. Yo mismo fui asaltado por ese fantasma y casi me destruye. Recientemente tuve que atender a una joven que pasó por una experiencia sumamente difícil, pues se tuvo que cancelar su boda pocos días antes de su fecha, estando ella muy enamorada, por lo que me preocupé mucho y por un momento me sentí incompetente para ayudarla. Tuve que orar y buscar la sabiduría de Dios para abordar el problema, y en medio del proceso, cuando pensaba que no podría, Dios trajo a mi mente un gran letrero negro con letras grises que decía: DEPRESIÓN. Gracias a Dios, su Espíritu Santo me iluminó y me dejé conducir a través de su Palabra, para descubrir con mucha más claridad, que tanto el diablo, como Dios mismo, pueden usar la depresión para alcanzar sus fines. El diablo para robar, destruir y matar, y Dios para enseñarnos a depender de su gracia, y forjar nuestro carácter para alcanzar sus más excelentes propósitos: madurarnos hasta hacernos semejantes a su amado Hijo, nuestro Señor y Salvador Jesucristo, y hacernos útiles a su divino reino.

Primeramente Dios me mostró algunas claves para entender la depresión en la Biblia, luego me mostró cómo obtener sus beneficios, y también cómo obtener la victoria sobre los demonios de la depresión que vienen del infierno.

Cuando la idea se fue formando en mi mente y persistía, supe que Dios me estaba guiando para escribir sobre el tema, para ayudar a gran parte de su pueblo que se confunde y se deprime, desaprovechando sus circunstancias para obtener un bien espiritual, y quedando vulnerable a los intentos del diablo de destruirlo; para lo cual me aboqué a conocer más sobre el problema desde el punto de vista médico, así que tuve que estudiar, asesorarme, ordenar y resumir en una manera sencilla los datos obtenidos, de modo que, sin pretender dar una clase de la patología de este desorden mental y emocional, pudiera integrarlos a este pequeño instrumento de sanidad para el alma, a fin de comprender este problema y darle el mejor trato hasta su solución definitiva.

Va pues, con el anhelo de ayudar a todo aquel que está luchando para obtener la victoria sobre este flagelo, que glorifique a Dios y le permita madurar en vez de sucumbir. En el Nombre de Jesucristo, Señor por sobre todas las cosas, a quien corresponde toda la gloria. ¡Amén!

PRIMERA PARTE

CONOCIENDO AL ENEMIGO PARA VENCERLO

I. QUÉ ES LA DEPRESIÓN

El término latín *depressio*, que significa abatido o derribado por presión, es aplicado para definir un estado mental y emocional de abatimiento e infelicidad prolongado, disparado por presiones de la vida, que puede ser transitorio o permanente.

En la Grecia antigua, a las personas con tendencias a la tristeza se les definía como melancólicas, (μελαγχολια) melancholia: *melán*, negro, y *chole*, bilis, es decir, bilis negra, tratando de describir con ello un estado de amargura negra o de ánimo sombrío, como uno de los cuatro humores básicos del ser humano, que hoy conocemos como temperamentos: Sanguíneo (sangre), flemático (flema), colérico (bilis) y melancólico (atrabilis). Desde aquel tiempo se le consideró una enfermedad físico mental. Hoy sabemos que no necesariamente las personas que tienen temperamento melancólico están deprimidas, pero que, sin embargo, son las más susceptibles.

La depresión es pues un estado anímico, asociado con reacciones bioquímicas, por lo tanto, considerada una enfermedad, resultado de dejar de resistir a las presiones circunstanciales negativas. Es un cuadro de profunda tristeza y desmotivación prolongada, de sentimientos fatalistas de desesperanza y abandono, que hace que la persona que la sufre se sienta sin deseos de vivir, que puede pasar por periodos de indiferencia o apatía total a la vida, tratando de evadir así sus problemas, hasta llegar a sentimientos de muerte, y que en su estado más crítico puede inducir al suicidio.

Hay diferentes grados de depresión y pueden producir diversas reacciones, dependiendo de quien pase por ese estado. Hay personas más propensas a sufrir esta enfermedad, debido a algunas alteraciones de la química cerebral, y puede convertirse en un estado bioquímico crónico, que con el tiempo produce un desgaste general de la salud de quien la padece. La depresión altera las emociones y con ello las percepciones, es decir, deforma la manera de ver las cosas. Si alguien deprimido mira hacia arriba, una colina le parecerá una montaña y si mira hacia abajo, un valle le parecerá un abismo.

Clínicamente, la depresión está considerada como una enfermedad o desorden emocional y mental de dos tipos principales: depresión endógena o hereditaria, y depresión reactiva o producida por diversos factores circunstanciales difíciles, ya sea repentinos o prolongados, que se presentan en la vida de la persona y la llevan al límite de su capacidad de resistir presión.

Se han diagnosticado dos formas de su manifestación: la unipolar, que se caracteriza por estados cíclicos de desmotivación, abandono y desesperanza; y la bipolar, en la que la persona sufre etapas depresivas intensas, seguidas por estados de euforia en los que la persona hace derroche de aparente alegría; a veces en esta etapa puede tomar decisiones descabelladas, meterse en situaciones embarazosas, e incluso, emprender fantasías románticas, cuyas consecuencias pueden derivar en la demencia; esta última también se le conoce como condición maniaco depresiva y se presenta más frecuentemente en quienes padecen de depresión endógena.

Hay tres grados de intensidad que se pueden identificar: depresión grave, distimia y depresión bipolar. La depresión grave, es aquella que incapacita a la persona para realizar normalmente sus actividades, tales como trabajar, estudiar, comer, dormir y disfrutar lo que se hace. La distimia es un estado depresivo menos intenso, que manifiesta síntomas crónicos, que interfieren pero no incapacitan del todo el funcionamiento de la persona. La depresión bipolar se puede presentar cuando es más incipiente, y como se mencionó antes, es más frecuente en los que padecen depresión endógena.

Dependiendo del origen, también se pueden considerar algunas variantes, por ejemplo, si se presenta la reactivación de un conflicto que mantuvo a la persona en el pasado en estados de ansiedad o angustia prolongadas, se presentará una depresión neurótica, pero si la depresión se presenta sin motivos psicológicos, se le conoce como psicótica. Hay otra depresión que se le conoce como enmascarada, porque simula no existir, como un intento del enfermo de sobreponerse a ella. También hay una depresión inhibida o agitada, que depende de la manera en que el enfermo reacciona a las circunstancias estresantes que la originan.

Los estados de ansiedad y angustia son factores depresivos importantes, ya que son penosas manifestaciones subjetivas, que se traducen en sentimientos de miedo o pánico de que algo malo e irremediable se avecina. La ansiedad es puramente emocional, pero la angustia está íntimamente asociada a un desequilibrio químico del organismo, que se traduce en sensaciones físicas específicas, como:

vacío en la boca del estómago, adormecimiento de brazos y manos o dificultad para respirar.

Debemos saber también que todas las personas pasan por momentos depresivos, que si no se atienden en sus inicios, se pueden volver recurrentes. No es un mal ajeno a los cristianos, al contrario, es una de las armas del diablo para intentar sacarlos de la voluntad de Dios. Recordemos que aquel vino para hurtar, matar y destruir, en cambio nuestro Señor Jesucristo vino para darnos vida y vida en abundancia (Jn. 10:10).

Es tan sutil este enemigo, que la persona deprimida no se da cuenta cuándo empieza su problema, y a veces, ni en una etapa avanzada lo puede identificar, inclusive, es frecuente que el cuadro depresivo haya abierto la puerta a demonios de autodestrucción, sin que la persona los discierna. Es un sutil enemigo a vencer, pero también puede ser una oportunidad de forjar el carácter, si tan sólo la persona echa mano de los recursos que, como creyente, Dios ha puesto a su alcance.

Hubiera yo desmayado, si no creyese que veré la bondad de Jehová en la tierra de los vivientes. Aguarda a Jehová; esfuérzate, y aliéntese tu corazón; sí, espera a Jehová. (Sal. 27:13-14).

El alma es muchas veces sometida a tensiones fuertes, repentinas o prolongadas, que la quebrantan; es como a un resorte que se fatiga y se vence por un uso intenso; o como una liga que de tanto estirarse se hace grande y si no se libera de la tensión, termina por reventarse, o como un alambre que de tanto doblarse se calienta y se rompe.

II. CAUSAS MÁS COMUNES

Como se mencionó antes, cuando un problema se presenta repentinamente, como por ejemplo la muerte de un ser querido, o se prolonga indefinidamente, como una enfermedad crónica, el alma se cansa, cede ante la presión, baja la guardia y deja de luchar. A continuación se enumeran posibles causas que pueden inducir a cuadros depresivos:

- Cuando en un matrimonio uno de los dos es creyente en Cristo y el otro es no converso, y parece que al orar, las cosas empeoran en vez de mejorar, si eso se prolonga por demasiado tiempo, puede llegar la depresión.

  La esperanza que se demora es tormento del corazón; pero árbol de vida es el deseo cumplido. (Pr. 13:12).

- Cuando en un matrimonio el esposo es un "macho" que incurre frecuentemente en el abuso verbal y/o físico, llegará el momento en que habrá matado el amor en su esposa, dejando lugar para la amargura, el rencor y la depresión.

- Cuando el hijo "oveja negra" no da muestras de cooperar y se endurece cada vez más, pese a consejos, castigos, y los ayunos y las oraciones de la mamá.

- La depresión también puede venir cuando se sufre una gran decepción respecto a una persona muy cercana y amada, como el esposo, el novio o un buen amigo.

- Sentir una traición o infidelidad, el ser defraudado en la confianza que se depositó en alguien, lastima tan profundamente que se puede perder el deseo de vivir.

- El rompimiento de una relación amorosa es causa de suicidios, o de darse al alcohol y a las drogas.

  Dad la cerveza al desfallecido, y el vino á los de amargo ánimo: beban, y olvídense de su necesidad, y de su miseria no más se acuerden. (Pr. 31:6-7).

- También, cuando muere un ser amado como el esposo, un padre, un hermano, el novio, la novia, el mejor amigo, se puede producir un estado de *shock* que provoca que la persona no pueda expresar sus emociones: no llora, no ríe, no expresa tristeza o angustia, pero su alma quebrantada se seca poco a poco y si no reacciona, puede enfermarse gravemente y hasta morir a causa de la depresión.

- Un accidente, una noticia inesperada, un susto, puede provocar un estado de angustia o ansiedad que se derive en una depresión.

- Dificultades para adaptarse a un nuevo medio, como cambio de escuela, de trabajo o de lugar de residencia, o cambio de estrato social.

- Otro motivo puede ser el sentirse humillado, ofendido, avergonzado, mancillado o difamado por personas que estima.

- A veces un defecto físico o incluso rasgos físicos peculiares, pueden ser la causa de bromas y burlas de hermanos o compañeros, que terminan por minar su amor propio, al punto que la persona se aísla y deprime hasta autolastimarse.

- Una vida demasiado rutinaria, puede producir aburrimiento y con el tiempo derivar en distimia.

- Complejos e inconformidades con respecto a su temperamento o su apariencia.

- Timidez e inseguridad para relacionarse con los demás.

- Falta de entendimiento sexual de la pareja puede ser otro motivo íntimo de depresión. En los varones la disfunción eréctil es un síntoma muy común de este problema, en las mujeres la frigidez.

- Los problemas con sus superiores, como padres, jefes o maestros prepotentes, son factores depresivos importantes que afectan a niños, adolescentes y adultos inseguros.

- La desintegración familiar y los divorcios sumen a los hijos de todas las edades en depresión intensa y autodestructiva.

- La pérdida del trabajo y sus consecuencias económicas, aunado a la falta de apoyo del cónyuge, afecta al padre de familia al punto de una depresión severa.

- Estados de angustia por incompetencia laboral, sumen, al hombre principalmente, en cuadros depresivos que afectan sus coronarias y pueden inducir a la muerte.

- El miedo a la vejez y a la soledad, afecta tanto a hombres como a mujeres.

- La jubilación puede producir en las personas acostumbradas al trabajo, un sentimiento de inutilidad que los deprime al punto que pierden el apetito y las ganas de vivir. El sentirse una carga los seca.

- Algunas enfermedades pueden también ser causa de cuadros depresivos severos: enfermedades infecciosas (incluyendo gripes), endurecimiento de las arterias, ataques al corazón, cáncer, mal de Parkinson, SIDA, lesiones físicas con resultados permanentes (como parálisis o pérdida de algún miembro), golpes en la cabeza, etc.

- En las mujeres es probable que el ciclo menstrual venga acompañado con cuadros depresivos.

- Cuando algunas mujeres se embarazan, pueden deprimirse debido a los cambios hormonales.

- Los cambios hormonales en el período de posparto, la lactancia, el climaterio y la post menopausia, pueden inducir en muchas mujeres los síntomas de la depresión.

- Mujeres que son madres solteras, la lucha por criar al hijo y por tener que trabajar, las mantiene continuamente tensas y puede deprimirlas.

- Mujeres que tienen la responsabilidad de cuidar a sus padres ancianos, el estrés sostenido que esto implica, les puede provocar depresión.

- Una violación puede reducir a la nada la autoestima y la persona puede llenarse de amargura y odio hacia el sexo opuesto y producir desórdenes importantes de tipo mental.

En algunos casos, cuando el abuso es realizado por un familiar o cercano y en forma repetida, este trauma emocional puede producir desviaciones en las preferencias sexuales de la persona: el homosexualismo, la pederastia y otras más, como el sadismo y el masoquismo, hasta derivar en psicopatías, como la tortura de animales o personas hasta sentir placer con la muerte de personas que les recuerdan a sus abusadores. Por lo complejo y extenso, abundar sobre este tópico, queda fuera del alcance de este libro.

La lista de problemas puede ser interminable, el caso es que a veces las circunstancias difíciles nos toman mal parados y sucumbimos a los ataques de la depresión. La Biblia muestra que un problema puede parecer pequeño o insoportable, dependiendo del estado de ánimo.

El ánimo del hombre soportará su enfermedad: mas ¿quién soportará al ánimo angustiado? (Pr. 18:14).

III. SÍNTOMAS TÍPICOS

Cuando se presentan uno o varios de los siguientes síntomas, se debe poner mucha atención; pensar que es algo pasajero y sin importancia puede agravar el problema. Todo cambio en la forma de ser de la persona que dure más de dos semanas debe alarmar y se debe reconocer el problema para buscar ayuda.

- *Pérdida de apetito o incremento excesivo de él.* Generalmente va asociado a la disminución o aumento de peso, según el caso. Es una manera de aflorar la distorsión mental y emocional que se vive, está asociado con sentimientos de baja autoestima o autodestructivos.

- *Alteraciones en el ciclo del sueño.* No poder dormir. Muchas veces se piensa que es por una tensión momentánea debido a problemas que no se han resuelto y no se le da importancia. La falta de descanso impiden la restauración del cuerpo, pueden traer como consecuencia problemas cardiacos, falta de oxigenación, pérdida de memoria, desgano general, aumento de peso, etc., todos ellos son aspectos que se suman al problema y agravan el círculo depresivo. Dormir más de la cuenta es también sintomático de la depresión, en su manifestación evasiva de la problemática que vive, real o imaginaria.

- *Indiferencia o apatía.* La persona siente un vacío emocional con periodos de tristeza, seguida de ansiedad. Por ejemplo, cuando alguien que es aficionado al futbol y tiene un equipo favorito, pierde el interés por saber cómo va o si ganó el último partido, la luz roja de la depresión está prendida.

- *Pesimismo.* Tendencia a ver el lado negativo de las cosas e incapacidad de ver el lado bueno de ellas, aunque no sean difíciles. No puede ver el vaso medio lleno, ahora lo ve siempre medio vacío.

- *Euforia repentina.* Un despliegue de alegría exagerada (manía), fuera de su forma normal de expresión, puede ser un síntoma de bipolaridad.

- **Condenación.** Sentimientos de culpa, de frustración o de impotencia, seguramente debido a fallas no superadas.

- **Cansancio crónico.** Falta de energía, fatiga frecuente, somnolencia durante las horas activas del día, indiferencia a todo.

- **Comportamiento extraño.** Si alguien extrovertido se torna callado, o viceversa, y la persona se vuelve evasiva cuando se le pregunta qué le pasa.

- **Exageraciones.** Cuando a cosas insignificantes se les da demasiada importancia y esto produce un estado de preocupación y ansiedad. La persona deprimida por lo general se torna hipersensible al trato de las personas, por ejemplo, se siente ofendido si alguien no lo saluda, y se pasará todo el día preocupado por ello.

- **Lagunas mentales.** Es otro síntoma a considerar, ya que muchos piensan que tienen Alzheimer, pero es fácil hacer pruebas para detectar si es así, como contar números al revés o recitar algunos versos aprendidos hace tiempo, lo cual no se podría hacer cuando se tiene este mal. Cambios en los patrones del habla y del pensamiento, también pueden ser indicativos del problema.

- **Susceptibilidad.** La ira frecuente o sin motivo real, es generalmente una máscara que trata de esconder la depresión.

- **Descuido del aspecto personal.** Falta de la pulcritud acostumbrada, falta de aseo, de gusto por vestirse o peinarse.

- **Falta de concentración.** Cuando no se decide qué ponerse, qué comer, qué hacer, qué decir; cuando requiere que le repitas las cosas; que pide que otro escoja por ella algo del menú o qué ropa ponerse, puede deberse a que se distrae de lo que tiene delante, por no poder soltar los motivos que le deprimen.

- **Trabajo en exceso.** Algunos lo consideran un hábito socialmente aceptable, pero puede ser un refugio en el que la persona trata de sustraerse de los motivos de su depresión.

- **Tendencia al uso de enervantes.** Las personas deprimidas tienden a fugarse de su estado depresivo, mediante el uso de sustancias enervantes o inhibidoras de la capacidad normal de funcionamiento del cerebro, tales como el alcohol y otras drogas que se utilizan como máscaras de la depresión.

  Dad la cerveza al desfallecido, Y el vino a los de amargo ánimo: Beban, y olvídense de su necesidad, y de su miseria no más se acuerden. (Pr. 31:6-7).

- **Dolores inexplicables.** Generalmente dolores de cabeza, de estómago, estreñimiento, pero también dolores de cuello o espalda, adormecimiento de las manos o piernas, son causados por tensiones nerviosas prolongadas, sobre todo cuando estos padecimientos no responden a tratamientos médicos.

- **Pensamientos suicidas.** ¡Cuidado!, demonios están atacando para sugerir que hay una puerta de salida que le librará de sus "graves" problemas, según su percepción, irresolubles.

- **Mejoría repentina.** O se está presentando una bipolaridad, o el pensamiento suicida ha liberado momentáneamente a la persona de sus tensiones depresivas, al pensar que pronto escapará de ellas.

Después de visualizar el problema, puede que a algunos les resulte sorprendente saber que muchos hombres de Dios pasaron por momentos depresivos intensos: Abraham, Jacob, José, Job, David, Elías, Jeremías, Daniel, Pedro, Pablo y otros más. El gran reformador Martín Lutero, un gigante de la fe, pasó largas épocas de su vida batallando contra este problema, según él mismo confesó en sus escritos.

Yo he pasado por estados depresivos y conozco a ministros de Dios que los han sufrido, aún por la carga del ministerio. En especial, pude ayudar a un pastor que cayó en la demencia, agobiado por su problema, el cual resultó ser imaginario. Varios ministros oraron por su liberación sin resultados positivos, hasta lo sometieron a infinidad de terapias psiquiátricas y diversos tratamientos antidepresivos, sin lograr sacarlo del estado en que estaba. Cuando yo lo visité se encontraba sumamente sucio, con ropa de muchos días, con el cabello crecido, hasta la voz le cambiaba al hablar y hacía desfiguros, como tirarse al suelo y subir sus piernas a la pared y golpearla en forma frenética. Me tomó del orden de tres semanas sacarlo de su crisis y ser restaurado a una vida normal, mediante la lectura y explicación de la Biblia; pues cayó en ese estado, víctima de un gran sentimiento de culpa, debido a la doctrina que enseñaba, que si uno fallaba, Dios lo desechaba, que a él lo atrapó cuando falló, pensando que Dios lo había abandonado y que ya no tenía esperanza. La parábola del hijo pródigo, entre otras cosas, iluminó su alma y recobró su confianza en un Dios que permanece fiel cuando nosotros no lo somos. Por seis meses más tuve la oportunidad de visitarle, orar y estudiar la Biblia junto con él, de modo que era un gran placer verlo siempre pulcro y animado, deseoso de disfrutar esos tiempos de comunión con Dios y de amistad conmigo.

IV. AUTOAYUDA

Los trastornos depresivos hacen que uno se sienta exhausto, inútil, desesperanzado y desamparado. Esas maneras negativas de pensar y sentirse, hacen que las personas pierdan el gusto por las cosas y por la misma vida. Son distorsiones de la realidad. Por supuesto, los pensamientos negativos desaparecerán cuando el problema sea superado. Tú puedes contribuir a tu mejoría si te lo propones, todo es cuestión de adoptar una buena actitud y tratar de mantenerla. Las siguientes son recomendaciones de psicoterapia:

o   Al despertar cada día, fíjate metas realistas y no trates de asumir una cantidad excesiva de responsabilidades.

o   Divide tus metas en partes pequeñas, establece prioridades y haz lo que puedas durante el día, piensa que tu alma, como tu cuerpo, adquiere mejor condición si aumenta el ejercicio en forma paulatina, pero si se excede al principio, se puede lesionar.

o   Aunque lo prefieras, no te aísles, trata de buscar a tus amigos, tal vez sólo prefieras al más cercano, siempre es mejor tener con quien hablar y para eso son los amigos.

Mientras callé, envejeciéronse mis huesos en mi gemir todo el día.
(Sal. 32:3).

o   En los momentos que te encuentres solo, procura leer cosas que te ayuden a sentirte mejor. Escoge temas de acción o de aventura. Evita los dramas y las cosas románticas.

o   Trata de participar en actividades recreativas.

o   Asiste a reuniones sociales con gente de tu edad.

o   Involúcrate en actividades espirituales, cultos en la iglesia, de jóvenes, de matrimonios, cultos de casa, ensayos de la música, etc.

o   Puede ser muy gratificante ayudar a otras personas, tal vez asistir a una casa de la tercera edad y hacer amistad con algún anciano solitario. Conocer sus muchas anécdotas y vivencias, te enriquecerá y podrá darte una mejor perspectiva de la vida.

o Haz ejercicio liviano, ve al cine, ve al estadio a ver jugar a tu equipo favorito.

o No desesperes si tu estado de ánimo no mejora de inmediato. Recuerda que, como en las enfermedades físicas, convalecer es un proceso necesario.

o No tomes decisiones importantes, la distorsión en la percepción de las cosas, hará muy probable que te equivoques. Si son decisiones ineludibles, consulta con personas de tu confianza que te conozcan bien y tengan una visión más objetiva de tu situación.

o Debes estar consciente de que salir de un cuadro depresivo no es en manera natural algo instantáneo, pero tener siempre presente que confiar y perseverar día a día, contribuye a sentirte un poco mejor cada vez.

o Debes esforzarte por mantener patrones positivos de pensamiento, ya que eventualmente van a reemplazar los pensamientos negativos que son parte de la depresión. Los patrones negativos van a desaparecer tan pronto la depresión vaya siendo superada.

o Deja que tus familiares y amigos te ayuden, para eso es bueno saber que puedes contar con ellos, como ellos cuentan contigo. La Biblia dice que:

> *En todo tiempo ama el amigo; Y el hermano para la angustia es nacido.* (Pr. 17:17).

V. AYUDA DE PARIENTES Y AMIGOS

Los familiares son quienes pueden detectar más fácilmente cuando alguien cercano está en problemas de depresión, aunque también los amigos y compañeros de escuela o de trabajo, cuando se observan algunos de los síntomas mostrados con anterioridad. Sé un buen amigo y considera los siguientes puntos para ayudarlo en cuanto sospeches que ha sido presa de la depresión:

o   Si percibes el problema en alguien cercano a ti, debes intentar ganar su confianza, si no la consigues, debes compartirlo con alguien a quien sí se la tenga, de modo que la persona se abra y le platique sus preocupaciones y percepciones.

o   Si se abre contigo, no evadas platicar sobre temas escabrosos y busca darle respuestas que alienten su esperanza.

o   No eludas las insinuaciones de muerte que pueda hacerte, ya que una persona deprimida suele hacerlas en serio.

o   Una buena manera de ayudar es tratar de identificarte con él, al mostrarte vulnerable y sensible al problema. Puedes decirle cosas como que ya te has sentido deprimido y sabes cómo se siente y lo comprendes.

o   Muchas personas son resistentes a la idea de sufrir un trastorno mental y de requerir la ayuda de un psiquiatra, así que tranquilízalo y convéncelo de que la depresión no es una locura, pero que requiere de ayuda profesional.

o   Consciente que el problema está asociado con cambios en su química cerebral, recomiéndale consultar al psiquiatra, anímalo o incluso acompáñalo para que sienta tu apoyo y pueda recibir la ayuda adecuada. Dile que a veces con un sencillo tratamiento con medicamentos antidepresivos, se puede resolver el problema. Convéncelo que es importante no automedicarse, ya que existe un alto riesgo en el uso prolongado de medicamentos antidepresivos, porque pueden alterar al sistema nervioso en forma tal, que produzca dependencia del medicamento e incluso, sin una adecuada supervisión especializada, diferentes estados de demencia.

o Es probable que el especialista sugiera una psicoterapia, que puede ayudar a aislar y resolver sus diferentes problemas y sus percepciones distorsionadas de estos. Apóyalo para que no desista de seguir adelante. La electroterapia puede ser recomendada en algunos casos graves.

o El enfermo necesita de sus seres queridos y amigos mucho apoyo emocional, es decir, cariño, paciencia y estímulo. No te canses de su comportamiento o de escucharlo externar sus preocupaciones, no le acuses de simular su enfermedad o de ser negligente, recuerda que su enfermedad es real.

o Ten presente que no tiene la capacidad por sí mismo de salir de la depresión, así que continúa repitiéndole, en forma bondadosa, que con el tiempo y la ayuda que está recibiendo, va a sentirse mejor.

o El apoyo no debe limitarse a esto si en verdad estimas a la persona deprimida, bríndale tu compañía y proponle hacer cosas juntos, como practicar algún deporte u otras actividades que puedan despertar su interés.

o Sé prudente, nunca fuerces a una persona deprimida a hacer demasiadas cosas en poco tiempo. Es verdad que la persona deprimida necesita distracción y compañía, pero muchas exigencias pueden aumentar sus sentimientos de fracaso.

Finalmente, y sobre todo si eres cristiano, convéncelo de que las siguientes claves le darán una segura solución espiritual, por sobre todos los demás aspectos intentados naturalmente, y asegúrale que además de sanar, podrá experimentar una saludable transformación de su alma y sorprendentemente será más parecido a Cristo.

VI. SOLUCIONES ESPIRITUALES

Esta es la parte medular del libro, porque veremos cómo Dios, que nos diseñó y nos creó como seres tan maravillosos y complejos, tiene respuestas y soluciones a todos nuestros problemas, físicos, mentales, emocionales y espirituales. Dios tiene para los creyentes la provisión mediante el pacto de sanidad divina para restaurar todo desorden físico y del alma[1] (Sal. 103:1-6).

La vida se compone de tiempos buenos y tiempos malos y es importante reconocer a Dios en ambos casos.

En el día del bien goza del bien; y en el día de la adversidad considera. Dios hizo tanto lo uno como lo otro, a fin de que el hombre nada halle después de él (Ec. 7:14).

¿Qué, recibiremos de Dios el bien, y el mal no lo recibiremos? (Job. 2:10).

Muchas veces se tiene que pasar por cambios repentinos que afectan el estilo de vida que se ha llevado por tiempo, otras veces el alma es sometida a tensiones que por largo tiempo ejercen presión hasta minar su resistencia y es llevada al límite, pero lo cierto es que Dios quiere que siempre saquemos provecho de las horas oscuras de cualquier adversidad, y por eso nos ofrece nueve claves para ello:

1. RECIBIR LA PALABRA DE DIOS

Los problemas, dificultades, tribulaciones, aflicciones, son parte de la vida y cuando estos se ponen en manos de Dios, se convierten en oportunidades. La Biblia está llena de ejemplos que al entenderlos nos consuelan y renuevan nuestra esperanza, es por eso que es una fuente de victoria sobre sentimientos depresivos. Es alimentar la fe con la Palabra de Dios, al entender que cuando Dios nos permite pasar por dificultades, siempre tiene un propósito excelente que debemos entenderlo para que, en vez de resistirlo, podamos cooperar con Él.

Porque las cosas que se escribieron antes, para nuestra enseñanza se escribieron, a fin de que por la paciencia y la consolación de las Escrituras, tengamos esperanza (Ro. 15:4).

---

[1] Para abundar en el tema puede leer mi libro *Sanidad Divina*, Editorial Ariel, 2006

Por tanto, no desmayamos; antes aunque este nuestro hombre exterior se va desgastando, el interior no obstante se renueva de día en día. Porque esta leve tribulación momentánea produce en nosotros un cada vez más excelente y eterno peso de gloria; no mirando nosotros las cosas que se ven, sino las que no se ven; pues las cosas que se ven son temporales, pero las que no se ven son eternas (2ª Co. 4:16-18).

Como acabamos de leer, la Biblia nos recomienda leer las historias que fueron escritas antes, para que no sintamos que nadie ha pasado lo que nos está pasando, sino que comprendamos que los problemas, cuando reconocemos a Dios y sabemos que siempre permite las cosas con un buen propósito, éste se cumplirá y seremos forjados para lograr cosas excelentes. En manera breve, veamos algunos ejemplos de hombres y mujeres que Dios pasó por momentos sumamente difíciles, y cómo es que vinieron a más:

JOSÉ. José no tuvo una juventud normal, desde pequeño fue aborrecido por sus hermanos al punto de querer matarlo, finalmente fue vendido a unos extraños, sin oportunidad de volver ver a su padre y a su hermano más pequeño. Fue llevado a un país lejano y lo vendieron como esclavo, luego, cuando todo parecía mejorar, fue difamado por la mujer de su amo y cayó preso. ¡Qué difícil debió ser su situación! Sin conocidos que le ayudaran, pasó años en la cárcel injustamente; seguramente se sintió muchas veces muy triste, solo y olvidado. Sin duda debió llorar largo tiempo, tenía muchas razones para hacerlo y pudo sucumbir ante la depresión, pero no fue así, porque Dios era con él; así lo reconoció siempre y fue consolado. Años interminables de sufrimiento sirvieron para forjarlo y posteriormente ser el medio para que Dios salvara a la que sería su nación, su pueblo especial (Gn. 30 a 40). Si él no hubiera sido probado tan intensamente, no hubiera adquirido la capacidad para realizar tan importante tarea. Un llamado especial, requiere de tratos personales intensos y específicos; mientras más importante sea la misión, mayor será el refinamiento. Nada es azaroso para un hijo de Dios, pues todas las cosas le ayudarán a bien, si mantiene su corazón en Dios (Ro. 8:28).

MOISÉS. Moisés al principio fue un hombre poderoso en palabras y en hechos, instruido en toda la sabiduría de Egipto, entrenado para ser faraón, considerado heredero al trono por ser reconocido como hijo de la hija del faraón. Soberbio y prepotente, mató a un egipcio, seguro de que él sería el salvador de su pueblo esclavo, pero quiso hacerlo a su manera (Hch. 7:20-29); esto alertó al faraón y quiso matar a Moisés, por lo que tuvo que huir de Egipto. Cuarenta años después, aquel Moisés, seguro de sí mismo, se había convertido en un hombre frustrado, de ochenta años, viejo, solitario y tartamudo, porque había sido quebrantado y el largo tiempo en el desierto cuidando ovejas, había doblegado su fuerza y orgullo, para no desear ser más el libertador de su pueblo. Pero Dios logró su objetivo, pues Moisés llegó a ser el hombre más manso que había sobre la tierra, y sólo así fue capacitado para pastorear a un pueblo de dura cerviz por los siguientes cuarenta años, algo extraordinario, por lo que fue extraordinaria su preparación, como puede ser tu caso si confías en Dios (Ex. 4:10-16, Nm. 12:3).

JEFTÉ. Listado entre los héroes de la fe de Hebreos 11, fue uno de los jueces que Dios levantó para liberar a Israel de sus opresores. Éste hizo un voto a Dios de lo más extraño, pues ofreció a Dios en holocausto, a cambio de la victoria sobre los amonitas, al primero que saliere a la puerta de su casa cuando él regresare vencedor de la batalla. No sé qué tenía en mente, pero lo cierto es que fue su hija la que salió a recibirlo y él se deprimió tremendamente pensando en las consecuencias de sus palabras, las cuales tuvo que cumplir y quedó para siempre en la galería de los héroes de la fe, ejemplo para nosotros que creemos en Cristo y sabemos que Dios tiene planes para nosotros (Jue. 11:29-36).

SANSÓN. Este juez fue también atacado y derrotado por la depresión, pues siendo muy inmaduro y caprichoso, se enamoró de una joven filistea y se casó con ella, sin embargo nunca la tuvo, por lo que enfurecido hizo mucho daño a los filisteos, enemigos del pueblo de Dios. Después, neciamente, se volvió a enamorar de otra mujer filistea, Dalila, la que por un soborno conveniente lo traicionó, presionándolo a revelar el secreto de su gran fuerza, a tal punto, que redujo su alma a mortal angustia y sucumbió a sus presiones (Jue. 16:16-17). Sansón es un ejemplo de ministros que tienen una vida nominal, ya que tomó a la ligera su llamado y comprometió la verdad que Dios le había confiado por un deleite carnal. Qué dura debió ser su humillación, cuando Dios apartó su unción de él; tuvo que soportar que sus enemigos lo ataran, lo encarcelaran, se mofaran de él y de su Dios, y le sacaran los ojos, poniéndolo a mover un molino como una bestia de carga. Las burlas que en cada fiesta hacían de él los filisteos, de su pueblo y de su Dios, debieron ser tremendas, suficientes para deprimirse hasta el sótano; seguramente la condenación lo abatió hasta el polvo. Las largas horas de soledad y dolor de cada día, por meses, lograron su arrepentimiento, lo quebrantaron, para que finalmente reaccionara y clamara a Dios. Se le había acabado la soberbia, había llegado el momento de su vindicación, pues Dios le respondió devolviéndole su fuerza. La Biblia nos narra que mató a más filisteos cuando murió, al derribar las columnas del palacio donde lo llevaron para seguirse burlando de él, que todos los que mató durante toda su vida. Una figura clara de la victoria que viene al negarse a uno mismo para llevar su cruz con humildad, y la fuerza de carácter que Dios obra en todo aquel que le reconoce como su Señor. Fue un camino muy duro a la madurez, porque, aunque sea difícil, debes saber que a Dios no se le pasa la mano, Él sabe hasta dónde logrará quebrantar el orgullo y lograr que nuestro corazón se rinda a Él y reconozca su bien por sobre sus propios deseos (Jue. 16:26-30, Lc. 9:23).

NOEMÍ. Una mujer cuyo nombre significaba agradable, o mansa. Después de muchas vicisitudes y desgracias, como el sufrir la muerte de su esposo y después de sus hijos, se cambió el nombre por Mara, que significa amargura, porque dijo que Dios le había puesto en grande amargura y la había afligido: Eso era una verdadera depresión (Ruth 1:20-21). Pero gracias a ello, su nuera Ruth llegó no sólo a ser parte del pueblo de Dios al que como moabita no tenía derecho (Dt. 23:3-4), sino a ser parte de la genealogía de nuestro Salvador (Mt. 1:5). Dios la consoló cuando entendió el plan de Dios y con su historia sigue confortando corazones que viven cosas que parecen no tener sentido, pero que al reconocer a Dios, recuperan su fortaleza y se convierten en bendiciones vivientes para los que le rodean (2ª Co. 1:3-4).

ESTER. Leer la historia de Ester, es también muy inspirador, por la claridad con que ilumina el cómo, las dificultades adversas, en vez de deprimirnos, nos pueden fortalecer. Parecía una infortunada niña a quien se le murieron sus padres, estando en un país extraño donde eran cautivos. Ella quedó arrimada a Mardoqueo, un primo mucho más grande que ella. Sin duda no fue fácil su adolescencia ni su juventud, pues fue seguramente una sirvienta entre el pueblo en que vivía, pero Dios logró hacer de ella, en medio de esa adversidad, una mujer virtuosa, de un noble carácter, lo que no se hubiera dado si su vida hubiera sido fácil, si hubiera sido una niña mimada. Ella también fue un canal de Dios para la salvación de su nación. Todo lo que sufrió formó en ella un alma fuerte y con determinación, cosas necesarias para cumplir tan excelente misión (Est. 4:14-16). Cuando uno no sufre, no comprende el sufrimiento ni tiene manera de contrastar y valorar las bendiciones y privilegios que Dios nos concede, es por eso que la adversidad logra sensibilizar el corazón de quienes reconocen a Dios en medio de ella.

JOB. El patriarca profeta Job, que era varón perfecto, recto, temeroso de Dios y apartado del mal, como no había otro, fue también pasado por momentos indescriptibles de tensión y sufrimiento, tanto repentinos, con la muerte de todos sus hijos y la pérdida de todos sus bienes, como prolongados, como el tiempo en que fue sometido a una larga enfermedad, muy dolorosa, hasta que su ánimo reventó y,° totalmente deprimido, llegó a maldecir el día de su nacimiento (Job. 3:1-13). Pero Dios sabía que esto pasaría y proveyó una salida para Job, declarándole su excelente propósito de tener que pasar por todo ese proceso de sufrimientos para salir mucho más rico y con nuevos y buenos hijos, pero sobre todo, para ser más maduro, sabio, y mucho más poderoso espiritualmente, que pudo ayudar en una manera más efectiva a la gente que sufría, que antes de pasar por esa depresión tan agobiante (Job. 42:1-6, 12-17).

DAVID. Qué decir de David, el menor de ocho hermanos, pastor de ovejas, a quien su padre ni tomaba en cuenta, pero Dios escogió para ser el rey de su pueblo. Dios lo iba a forjar pasándolo por momentos extremadamente difíciles, causados por la persecución del rey Saúl, quien celoso quería matarlo, pues sabía que Dios lo había escogido para hacerlo rey en su lugar. Dios le permitió pasar por la desesperación y fue llevado al límite de sus fuerzas anímicas, pero aprendió a confiar en Dios y superó la depresión, aprendiendo claves que le dieron la victoria y dejó constancia de ellas en los Salmos, cuarenta y ocho de los cuales muestran su estado de depresión y su victoria.

Los hombres y mujeres de Dios, a lo largo de los siglos de nuestra era, han coincidido en que la lectura de los Salmos es una de las mejores medicinas contra los estados de angustia y ansiedad que llevan a la depresión. Entre los ciento cincuenta Salmos, como mencioné, hay cuarenta y ocho que hablan de la depresión (Sal. 25:15-20, 40:17, 70:5, 86:1-7…). Encuéntralos y léelos en voz alta, pues esto ministrará a tu alma entendimiento y consuelo, al ver cómo, verdaderos héroes de la fe pasaron por momentos más difíciles que los tuyos, y Dios los sacó adelante y con certeza te sacará a ti. Además, fue precisamente en los momentos más oscuros, que David recibió la unción profética para hablar de los sufrimientos de su Mesías y Salvador, y afianzarse en su amor, que finalmente lo sacó a victoria y le hizo una figura de Cristo en muchas maneras, para nuestra edificación.

ELÍAS. Este profeta fue todo un caso, pues después de haber realizado hazañas increíbles, como retar a los cuatrocientos cincuenta profetas de Baal, y ver la gloria de Dios respaldándolo con el gran milagro, cuando descendió fuego del cielo para consumir su mojado holocausto y así vencerlos, y después de degollarlos con su propia mano, saliera huyendo acobardado por las amenazas de la reina Jezabel. Se fue al desierto, se escondió temeroso, y estando solo se deprimió al punto de desear morirse y hasta pedirle a Dios que le quitara la vida. Dios le ministró primero fortaleza física y luego sanó su alma, mediante su presencia en un silbo apacible y delicado, pero antes vino un viento recio que desgajaba las peñas, luego un terremoto, después fuego, situaciones violentas y perturbadoras, tal como estaba el alma de Elías, deprimida y fuera de reposo, pues se sentía solo y pensaba erróneamente que él era el único que quedaba que sirviera a Dios. Mas Dios le ministró consuelo y fortaleza mediante entendimiento y se volvió a levantar más fuerte que nunca para seguir adelante y terminar su misión con éxito (1° R. 19:4-18, Stg. 5:17-18). No temas, Dios está contigo y quiere ministrarte su perfecta paz, para que no sucumbas, sino que te levantes en victoria y vayas adelante por lo que te falta, despojando al diablo de su influencia sobre tu alma, mediante tu reconocimiento a Dios.

JEREMÍAS. Fue también un hombre de Dios muy sufrido, cuyo éxito consistió en hablar el mensaje de Dios fielmente, a sabiendas de que no sería escuchado por el pueblo y que su mensaje le acarrearía un sin fin de sufrimientos. Fue tan dura su situación, que llegó a resistirse e intentó rebelarse a la voluntad de Dios. También llegó a pensar que un abortivo era mejor que él, pero Dios le confortó y le ayudó a seguir adelante venciendo tan grande depresión, hasta cumplir su misión, necesaria para el tiempo de la restauración del pueblo de Dios (Jr. 20:7-13, 14-18). Los pregoneros de la restauración son muchas veces incomprendidos y por lo tanto, tentados a abandonar la misión encomendada por Dios, pero el secreto es no mirar la adversidad sino considerar que hacer lo correcto es lo único que vale la pena, porque trasciende el presente y prepara el camino para que las bendiciones restauradoras de Dios sean apreciadas y recibidas por aquellos que abrieron su corazón a Dios, gracias al mensaje recibido.

JONÁS. Otro profeta propenso a la depresión, en especial porque estaba centrado en sí mismo y su prestigio era más importante para él que la misericordia de Dios; por eso huyó de la voluntad de Dios. La tormenta que siguió al barco donde huía y su alma atormentada lo delataron, y tuvo que ser arrojado al mar para que éste se calmara. Jonás cae al mar turbulento y un gran pez lo traga y, como un submarino expreso, lo vomita en una playa cerca de Nínive para llevar, a su pesar, el mensaje que Dios le había dado para esa ciudad pecadora. Pasó lo que él temía, el pueblo se arrepintió y sus palabras de destrucción no se cumplieron. Eso lo deprimió tremendamente, ya que al parecer no le importaba si la ciudad se arrepentía y se salvaba, más bien le preocupaba que al arrepentirse, el juicio no viniera y al no cumplirse sus palabras de juicio, su prestigio de profeta se pusiera en duda. Pero Dios, trató de hacer entender a Jonás que la compasión y el lograr el arrepentimiento y la bendición sobre esa gran ciudad, era lo importante, se lo ilustró mediante una calabacera que creció sola y le prodigó su sombra, y luego hizo que la calabacera se secara y él ya no tuviera sombra. El profeta deseó morirse al perder la sombra de la calabacera y en su mayor desánimo, Dios pudo hacerle entender que aunque él no había sembrado ni cuidado la calabacera, le dolía perderla, porque le produjo sombra. Tal vez es el caso de muchos que son víctimas de la depresión, por lo tanto, también pueden ser objeto de la restauración y obtener la victoria, que significa el disponerse para servir a Dios en vez de resentirse con Él por lo que nos pasa (Jon. 4:8-11).

PEDRO. El apóstol competitivo que siempre quiso sobresalir en sus fuerzas y finalmente le falló a su Señor. Por estar tan centrado en sí mismo, tuvo que ser humillado por el diablo, zarandeado como el viento zarandea al trigo, para demostrarle que Dios no necesitaba su ayuda, que no le había escogido por sus habilidades naturales, sino por su corazón (Lc. 22:31-34).

La depresión mina nuestra fuerza, para que sea liberada la gracia de Dios en nosotros. ¡Qué miserable se sintió Pedro cuando habiendo negado a su Maestro, el gallo cantó y su mirada se cruzó con la de Él! Jesús estaba siendo enjuiciado y le abofeteaban, pero le miró profundamente, como diciéndole: "Te conozco bien Pedro, mejor de lo que tú te conoces y debes entender y confiar que Dios tiene el control de todo." Pedro salió y lloró con amargura, se sentía descalificado, él, que siempre había tratado de aventajar a los demás (Lc. 22:59-62). Después intentó volverse a su vida vieja de pescador, estaba deprimido y volvió a sus redes con otros seis compañeros de su frustración, pero el Señor lo había previsto así, y resucitado fue a su encuentro para restaurarlo: tres veces le negó, tres veces le preguntó que si le amaba: la primera vez, que si le amaba más que los demás, como que en eso era en lo único en que debía superarlos, en amar. Ahora sí, después de la depresión, le serviría bien; cierto, humillado y quebrantado, pero más ubicado;

sólo así podría depender mejor de Dios para ser verdaderamente útil a su Señor (Jn. 21:15-19).

PABLO. El gran apóstol de los gentiles, el más maduro de los cristianos y ministros del Nuevo Testamento, guerrero de mil batallas y con un currículo impresionante (2ª Co. 11:23-29). También tuvo que pasar por el proceso de la depresión necesario, y cuando sintió que no podía más, pidió, rogó y recibió la respuesta que es denominador común de todos los casos: "Bástate mi gracia, porque mi potencia se perfecciona en tu debilidad" (2ª Co. 1:9-10, 12:9).

Cuando uno no ha sido quebrantado por Dios, es legalista, duro, crítico e intolerante de las fallas de otros. Seguramente Pablo necesitaba más presiones para darle a Juan Marcos otra oportunidad en el ministerio, pero eso no pasó, y fue tan duro, que prefirió separarse de Bernabé, que dar su brazo a torcer. Tiempo después Pablo ya no era el mismo, porque las pruebas lo habían ablandado y estaba más consciente de sus propias debilidades y, por lo tanto, dispuesto a tolerar comprensivamente a los demás. Tal vez Dios está haciendo algo así contigo, aprovecha tu depresión para morir a ti mismo y empezar a vivir sólo para Dios.

JESÚS. Por sobre todos los ejemplos que la Biblia nos refiere, podemos considerar que el alma de nuestro Redentor, como ninguna fue sometida a la más terrible presión de sufrimiento por amor de nosotros, para llevar nuestro castigo (Is. 53:3). Los tormentos de la cruz, el desprecio de su pueblo, los terrores del infierno, pero sobre todo, la separación de su Padre Celestial por causa de nuestros pecados, lo afligieron y angustiaron desde antes de ser prendido, en tal manera, que en Getsemaní, que significa prensa de uva, se sintió angustiado, muy triste, hasta la muerte, y tuvo que venir un ángel a confortarle, porque agonizaba de tanto sufrimiento emocional por lo que sabía que le esperaba (Job. 6:4, Sal. 55:1-8, 88:6-18, Mt. 26:36-44, Lc. 12:49, 22:41-44). La depresión es como la oscuridad, negra, terrible, espantosa; sus amigos huyeron, sus enemigos se ensañaron; por un momento lo que le sostuvo fue el amor de su Padre (Jn. 8:29, Jn. 16:32, Sal.

88:14-18), hasta que tuvo que experimentar el rompimiento con Él por amor de nosotros, para llevar nuestro castigo y sufrir en sí mismo la maldición de su propio Padre (Mt. 27:45-46). Es por eso que Él puede socorrernos y que su Palabra nos fue dada para sacarnos del pozo de la desesperación, del lodo cenagoso (Sal. 40:1-3).

Respecto a Cristo, David escribió proféticamente, en medio de sus tensiones, cuál sería su clave de victoria en sus terribles momentos de angustia previos a la cruz. Porque Cristo venció la depresión, es poderoso para socorrernos cuando somos atacados por el mismo enemigo (Sal. 119:92, He. 2:17-18). Porque la Palabra de Dios en verdad está viva, e imparte vida abundante al abatido, y además lo hace en manera sobrenatural (Mt. 4:4).

Nunca olvides que la Biblia es la Palabra de Dios, viva y eficaz, que penetra a nuestro corazón y nos abre de modo que descubre lo más profundo de nuestro ser, y ella nos lee cuando la leemos, discierne nuestros pensamientos más íntimos y todas nuestras intensiones, de modo que puede traer verdaderas soluciones, sanidad a los problemas más difíciles, arrancando de raíz todo motivo de depresión. También la Palabra de Dios llega a los tuétanos, al interior de los huesos, donde se forma la sangre que nos mantiene vivos físicamente, la encargada de llevar en su torrente todas las sustancias químicas que nutren y hacen funcionar nuestro cuerpo, porque en la sangre está la vida y la Palabra llegó a su mismo origen, trayendo equilibrio a las reacciones bioquímicas que acompañan la depresión, ¿no es maravilloso? (He. 4:12, Lv. 17:14).

2. EVITAR LA SOLEDAD Y LAS MALAS COMPAÑÍAS

No te aísles, evita la autocompasión, no eres el que más sufres, aunque así lo sientas, no estás pasando por un camino que nunca nadie ha caminando, no es así. El aislarte puede agravar el problema y conducirte a la alienación; frecuentemente el solitario se llena de pensamientos sombríos y puede sucumbir ante ellos (Sal. 102:1-12, Ec. 4:10).

ASAF. Uno de los levitas asignados a la alabanza en el santuario, que compuso varios salmos para alabar a Dios, también pasó por momentos de profunda depresión que él describe en el salmo 77, nos cuenta que: su mal corría de noche, pues no podía dormir, su alma rehusaba consuelo, es decir, quería estar solo, no deseaba que alguien le tratara de consolar; estando solo gritaba, se quejaba y su ánimo desmayaba cada vez más; luego pasaba por momentos de silencio en los que, muy quebrantado, meditaba y sus pensamientos eran negativos, pues pensaba que Dios lo había desechado, que ya no lo amaba, que ya no tendría de él misericordia, que su Palabra ya no vendría a él, que Dios estaba enojado con él y no le tendría más piedad. Qué terrible depresión, es lo más espantoso el pensar que Dios ya nos desechó... pero... de pronto reaccionó, se dio cuenta que ese estado de ánimo era una enfermedad de su alma y entonces echó mano del recurso de recordar bendiciones pasadas, y empezó a hacerlo: recordar cómo Dios sacó a su pueblo de Egipto, cómo lo pasó por el mar Rojo, y cómo lo pastoreó como a un rebaño por los desiertos por medio de Moisés y de Aarón. Recordar las obras de Dios sana la depresión, levanta del polvo al abatido.

Es probable que llegues a la conclusión que ya no tiene caso vivir, cuando para ti es imposible conseguir que se realice alguno de tus más pequeños deseos, pero eso no es así. David decía que al saber que Dios le mostraría todavía su bondad en esta tierra, evitó que desmayara (Sal. 27:7-14).

Otros buscan malas compañías, se reúnen con otra gente deprimida que abunda en los bares y antros nocturnos y otros lugares no gratos (Pr. 21:16-17), pero terminan más deprimidos.

El mundo nunca te dará verdadero ánimo con sus paliativos: vino, drogas, enervantes, malas compañías y demás; que sólo te evadirán por un momento de tus pensamientos y emociones negativos, para después atacar con más furia con la cruda moral y física de su vanidad y terrible cautiverio (Pr. 31:4-7, 23:31-34, Is. 5:11-13).

No busques agua donde no hay, el mundo tiene sus cisternas rotas, no tiene verdaderas respuestas, sólo aparenta y quien busca en él algo de consuelo sólo conocerá su vanidad hasta el hastío. Centra tu mente en tu Señor Jesús, vuélvete a Él de corazón, sanará tus heridas más profundas y podrás aquilatar su victoria (He. 12:1-4).

3. ACUDIR A TUS LÍDERES POR CONSEJO

Siempre encontrarás en tus líderes espirituales (tus papás, pastor, ancianos, líder de jóvenes, o de matrimonios, etc.), alguien que te sabrá escuchar con mucha atención hasta que te desahogues; háblales con franqueza y diles el porqué crees que te sientes así, y escucharás de ellos palabras sabias que te darán balance y consuelo; también podrán orar por ti y sentirás cómo eres liberado y renovado por Dios.

Igualmente, jóvenes, estad sujetos a los ancianos; y todos, sumisos unos a otros, revestíos de humildad; porque: Dios resiste a los soberbios, y da gracia a los humildes. Humillaos, pues, bajo la poderosa mano de Dios, para que él os exalte cuando fuere tiempo; echando toda vuestra ansiedad sobre él, porque él tiene cuidado de vosotros. (1 P. 5:5-7).

Obedeced a vuestros pastores, y sujetaos a ellos; porque ellos velan por vuestras almas, como quienes han de dar cuenta; para que lo hagan con alegría, y no quejándose, porque esto no os es provechoso. (He. 13:17).

Sabiendo que el mal no es sólo anímico, sino que hay en el organismo ciertos desajustes químicos, es bueno recibir oración por sanidad, puesto que Dios tiene dominio sobre el reino químico y puede restablecer su orden en nuestro cuerpo y cerebro. Eso, más el consejo, seguramente te sacarán adelante, aún y cuando tus problemas reales persistan.

Esta actitud humilde atraerá la gracia de Dios, tan necesaria en las horas de prueba. Qué difícil es para el orgulloso abrir el corazón y mostrar sus debilidades a quien le puede ayudar, pero esa es precisamente la clave para derrotar al enemigo: reconocer que necesitas ayuda y buscarla donde seguro la encontrarás.

Porque así dijo el Alto y Sublime, el que habita la eternidad, y cuyo nombre es el Santo: Yo habito en la altura y la santidad, y con el quebrantado y humilde de espíritu, para hacer vivir el espíritu de los humildes, y para vivificar el corazón de los quebrantados. (Is. 57:15).

Pero Dios, que consuela a los humildes, nos consoló... (2ª Co. 7:6).

Pero él da mayor gracia. Por esto dice: Dios resiste a los soberbios, y da gracia a los humildes. Someteos, pues, a Dios; resistid al diablo, y huirá de vosotros. Acercaos a Dios, y él se acercará a vosotros. Pecadores, limpiad las manos; y vosotros los de doble ánimo, purificad vuestros corazones. (Stg. 4:6).

Como pastor he podido escuchar a adolescentes sobre sus dilemas, sus tentaciones, sus fallas, sus complejos. Uno de ellos me dijo: "Quiero hablar con usted como amigo, no como pastor, no quiero que me diga lo que está mal y lo que es correcto, eso lo sé, lo que quiero es alguien que me escuche y me comprenda". Ser pastor, es saber ser, entre otras cosas, un verdadero amigo, que se puede poner en los zapatos del otro y sentir lo que siente, para poderlo ayudar.

Este muchacho, como muchos, quedó atrapado en la masturbación, se volvió un adicto, su mente se ensució con la pornografía y sintió la vaciedad de una vida centrada en un placer egoísta. Quiso dejarlo pero le fue imposible, como cristiano sentía condenación y lloraba mucho al pensar que le estaba fallando a Dios. Un psicólogo le dijo que no era pecado, que no sintiera culpa, que ya pasaría, pero eso no sucedió y cada vez más se fue hundiendo en su placer deprimente, hasta que buscó mi ayuda. Él era un hombre que se sentía miserable, como Pablo mismo cuando intentó en sus fuerzas vencer su propio problema (Ro. 7:14-24). Todos tenemos un lado vulnerable, donde nuestra naturaleza es débil, la de este joven era ese vicio secreto que ahora lo dominaba. Como la Biblia lo advierte, llegamos a ser siervos de quien nos sometemos (Ro. 6:16). La ayuda es ser liberados en el Nombre de Jesús, pues debe romperse esa servidumbre del pecado, y aprender la lección, para no entretener en nuestra mente las ideas seductoras de hacerlo tan sólo una vez más. Eso pasa con el alcohol, con el sexo, con los enervantes, con el hurto, con la mentira, con la envidia, con la idolatría y con tantas inclinaciones de la carne a las que no vencemos resistiéndole, sino huyendo de ellas y llenándonos de Dios (1ª Co. 6:18, 10:14, 1ª Ti. 6:11, 2ª Ti. 2:22).

También he tenido que escuchar a esposas maltratadas, que quieren divorciarse o morirse, que aman a sus maridos y eso les incrementa el sufrimiento. Otras, cansadas y denigradas, sólo quieren huir, o con odio desean venganza. Sólo Dios puede sacar del pozo de la desesperación al alma deprimida por estos quebrantos.

Pacientemente esperé a Jehová, y se inclinó a mí, y oyó mi clamor. Y me hizo sacar del pozo de la desesperación, del lodo cenagoso; puso mis pies sobre peña, y enderezó mis pasos. Puso luego en mi boca cántico nuevo, alabanza a nuestro Dios. Verán esto muchos, y temerán, y confiarán en Jehová. (Sal. 40:1-3).

He atendido a hijos quebrantados por la falta de interés de sus padres, que anhelan con vehemencia un abrazo o un beso, más que su dinero o permisos de hacer cosas.

A veces también he tenido que aguantar la confesión de pecados que casi me hacen vomitar, con tal de sacar fuera los motivos de las depresiones. Un homosexual que se convirtió a Cristo me comentó sus dilemas de niño, cuando fue violado infinidad de veces por su hermano mayor y tuvo que sufrirlo, impotente, llenando su corazón de odio, para luego desquitarse con otros hombres y convertirse en homosexual. Un corazón cargado de depravación que viene a Cristo y se halla preso de espíritus sensuales que no le dejan rehacer su vida, debe ser primero liberado de esos demonios que le obligan a hacer esa clase de pecados, pero también debe ser convencido de que su cuerpo es templo del Espíritu Santo y que debe cuidarlo y usarlo como instrumento de justicia (Ro. 6:12-14).

Doy gracias a Dios por su ayuda, pues en ocasiones, si no sabes descargar en Dios tantos problemas que la gente te cuenta, pueden aplastarte, es decir, deprimirte y robarte el sueño o el apetito. Siempre he confiado que si Dios me llamó al pastorado, también me dará la gracia para apacentar a las almas, aún a las más deprimidas, porque Él todo lo puede, y quiere hacerlo.

Muchas veces tan sólo con escucharlos atentamente ha sido suficiente para prodigar alivio al alma deprimida. Sentirse aceptada, apreciada, amada, es medicina al alma, con ello ya se ha ayudado, aunque todavía queden por delante muchas horas de comunicación y oración hasta la sanidad completa, según el caso.

Un elemento indispensable para liberar al alma de sentimientos negativos, es recibir de Dios la gracia para perdonar ofensas. No perdonar mantiene al alma en una cárcel de sufrimiento y depresión (Mt. 18:21-35). No se puede ser feliz si se albergan sentimientos de rencor y deseos de venganza. La falta de perdón ata y enferma tanto al alma como al cuerpo, de modo que quien retiene el perdón sufre y se convierte en un títere al que el diablo puede manipular por medio de sus sentimientos. Tenemos que entender que Dios no perdona a quien no perdona, porque eso equivale a rechazar el perdón de Dios, por lo tanto tiene problemas con Dios y no tiene paz ni gozo (Mt. 6:12-15, Mr. 11:25-26). Perdonar libera al alma y sana todo dolor del corazón y demás enfermedades (Stg. 5:16). Perdonar requiere de gracia divina para olvidar las ofensas, tal y como el Señor nos perdona cuando venimos a él arrepentidos (Lc. 17:3-4, Ef. 4:32). Pide a Dios su gracia y perdona en fe, declara en voz alta que perdonas y sueltas esos sentimientos negativos, en el nombre de Jesús, y serás liberado y sanado.

Es también importante mencionar, que en muchos casos, demonios destructivos han agobiado, vejado y hasta poseído a aquellas almas que han perdido toda resistencia y han sucumbido a sus miedos y sentimientos de culpa, por lo cual, es necesario liberarlas. Dios nos ha dado potestad de echar fuera demonios y el alma es liberada en forma inmediata, recibiendo la sanidad, recuperando todas sus facultades y gusto por la vida, pero sobre todo, el toque de Dios le abre las posibilidades de amarlo y servirlo, dándole un sentido enorme a la oportunidad de vivir.

Cuando busques consejo, no sólo pienses que vas a oír la opinión de un hombre sabio, sino ora, clama, ruega a Dios que te ayude, y luego, sabiendo que Dios te responderá por medio de quienes puso para tu cuidado, pide el consejo y seguramente Dios te hablará mediante el pastor o anciano de tu iglesia y hará lo necesario para que estés espiritual, mental y emocionalmente restaurado a plenitud.

4. PROCURAR EL COMPAÑERISMO CON OTROS HERMANOS EN CRISTO

El grupo de Alcohólicos Anónimos, con los principios bíblicos que forman sus doce pasos para ayudar a las personas con ese problema, ha logrado rehabilitar a mucha gente, a ser libres del demonio del alcohol y sus efectos depresivos. Neuróticos Anónimos los ha adaptado a los problemas de neurosis para tratar de ayudar a personas con depresiones. Pero ningún lugar es mejor que la iglesia de Cristo, porque en ella Dios se puede manifestar libremente mediante los creyentes que se congregan fielmente, mediante el ejercicio de los dones del Espíritu Santo.

Cada iglesia local es el cuerpo de Cristo, mediante el cual Él se quiere manifestar. Cada creyente fiel, como un miembro del cuerpo, es un canal de Dios para fluir con su gracia hacia los demás (Ro. 12:4-10). La compañía de tus amigos y hermanos en Cristo, pueden ayudarte a recuperar la perspectiva correcta de tu verdadera situación. Recuerda que eres parte del cuerpo de Cristo y tu iglesia local te necesita, pero tú la necesitas más a ella.

Porque los miembros que en nosotros son más decorosos, no tienen necesidad; pero Dios ordenó el cuerpo, dando más abundante honor al que le faltaba, para que no haya desavenencia en el cuerpo, sino que los miembros todos se preocupen los unos por los otros. De manera que si un miembro padece, todos los miembros se duelen con él, y si un miembro recibe honra, todos los miembros con él se gozan. Vosotros, pues, sois el cuerpo de Cristo, y miembros cada uno en particular (1 Co. 12:24-27).

En especial asiste a las reuniones de tu iglesia: de jóvenes, de matrimonios, o de música, según el caso, y a los cultos generales. Procura integrarte a alguna actividad en la que interactúes con otros cristianos. Dios se hará más real a tu vida a través de tu congregación y de tus hermanos en la fe, a veces de quienes menos esperas, recibirás de Dios el ánimo que necesitas: una oración, una palabra, un texto, una profecía, un abrazo, un apretón de manos, una conversación, un compartir la comida, etc.

Mantengamos firme, sin fluctuar, la profesión de nuestra esperanza, porque fiel es el que prometió. Y considerémonos unos a otros para estimularnos al amor y a las buenas obras; no dejando de congregarnos, como algunos tienen por costumbre, sino exhortándonos; y tanto más, cuanto veis que aquel día se acerca (He. 10:23-25).

Yo recuerdo una vez en que por presiones de trabajo reuní a mis colaboradores y los regañé muy enojado, me excedí y hasta ofendí a varios de ellos porque, según yo, estaban flojeando cuando debían estar apurados con el trabajo, pues el tiempo se nos terminaba. Era un jueves, día de culto en la iglesia, así que cuando por fin entregamos el proyecto y pudimos salir airosos, sentí condenación y pensé: "Ahora voy a ir a la iglesia y voy a levantar mis manos para cantar y alabar a Dios, como si nada hubiera pasado. Me voy a ver muy hipócrita, mejor no voy a la iglesia". Por el camino llegué a un semáforo que me detuvo y mientras esperaba la luz verde, sabía que si daba vuelta a mano derecha, iría a la iglesia, pero si me seguía de frente, me iría a casa. El claxon del auto que estaba atrás me hizo reaccionar, y sin pensarlo, di vuelta y me encaminé a la iglesia. Sin embargo, durante el culto no sentía libertad, me sentía mal por mi enojo y mi trato injusto para con mi equipo de trabajo, así que permanecí con las manos en las bolsas de mis pantalones y mis labios cerrados, mientras todos alababan al Señor.

Después de un tiempo de adoración en lenguas, Dios habló por profecías y en una de las palabras, Dios me habló personalmente, porque dijo: "Hijo mío, yo sé que tu día fue difícil y que fallaste, pero eso no ha cambiado mi amor para contigo, levántate, alábame, toma tu libertad, porque yo te ayudo y siempre te ayudaré, reconóceme en todos tus caminos y yo enderezaré tus veredas". No me cupo la menor duda, era mi Señor que sabía de mis fallas pero no me condenaba, así que bendije su Nombre por no haber cedido a la tentación de irme a mi casa. ¡Qué bueno que fui a la iglesia! De lo que me hubiera perdido si me dejo llevar por la depresión. Le pedí perdón a Dios por mi pecado, comprendí que el diablo me muestra mis errores para traer a mi conciencia condenación, pero que el Espíritu Santo me los muestra para quitar el impedimento del orgullo para su bendición; pero además le di gracias por tener una iglesia, por ser parte de ella y poder recibir su consuelo por medio de otros de sus miembros. Ya quería yo que el culto volviera a empezar y poder así cantar para alabarle con todo mi corazón.

5. INTERESARSE POR OTROS

Parece increíble, pero es cierto, esta clave es dejar de ser el eje de tu vida, pero sin que te abandones. Debes saber y aceptar que no eres la persona más importante de la tierra, ni el que más sufres, pero tampoco eres alguien insignificante que no vale la pena y que pasa desapercibido hasta para Dios, Dios te ama y tiene un plan para ti, y si lo reconoces, podrás aprovechar tus circunstancias para sus excelentes propósitos.

Mantente ocupado con toda tu atención: busca a otras personas necesitadas, siempre encontrarás personas más débiles que tú o en problemas más graves; si tan sólo te dispones y les hablas de Dios, al animarlas serás animado, del cielo vendrá el agua que te mojará y fluirá por medio tuyo para refrescar al otro, porque es cuando ves por otro y le ayudas, que tú mismo serás levantado por Dios de tu propia depresión. Dios mudó la aflicción de Job al orar por sus amigos y no por él (Job 42:10). Dios declaró a Abraham que para ser más bendecido, tenía que ser bendición a otros (Gn. 22:17). Es un principio para todos, que cuando sembramos bendiciones segaremos más bendiciones, pero si lo hacemos escasamente, será escaso el fruto (He. 6:14, Gá. 6:9).

Pero esto digo: El que siembra escasamente, también segará escasamente; y el que siembra generosamente, generosamente también segará. Cada uno dé como propuso en su corazón: no con tristeza, ni por necesidad, porque Dios ama al dador alegre. Y poderoso es Dios para hacer que abunde en vosotros toda gracia, a fin de que, teniendo siempre en todas las cosas todo lo suficiente, abundéis para toda buena obra (2ª Co. 9:6-8).

Recuerdo a un hermano que frecuentemente sucumbía ante el alcohol, decía con cierto descaro que prefería ser un borracho conocido que alcohólico anónimo, pero la verdad es que sufría cada vez que fallaba y se dejaba llevar por el deseo de beber, porque pensaba que ya no tenía remedio. Una vez lo vi sobrio y muy animado y me contó que la tarde anterior, cuando entró en la cantina y pidió una cerveza, compartió su mesa con unos desconocidos que estaban en el fondo de la depresión, así que entre sorbo y sorbo, les testificó de Cristo y asombrosamente aquellos hombres abrieron su corazón, salieron de la cantina y entregaron sus vidas al Señor. Él les impuso manos y oró por ellos y a todos se les cortó el efecto del alcohol, incluido él, recibiendo un gozo celestial en sus corazones. Ese día que me lo platicaba, me dejó orar por él y mientras era liberado del demonio del alcoholismo, un hilo de saliva formó un charco frente a él; por un momento su rostro parecía el de un demente, para luego brillar con una alegría genuina que sólo Dios puede dar. Me confesó que era un bohemio que amaba esas emociones que desbordaban con las canciones tristes y de amoríos fracasados. Era un deprimido enmascarado que lloraba su frustración con cada amigo con el que cantaba y se emborrachaba, pero sufría al saber que ofendía a Dios y lastimaba a su familia, y se deprimía aún más, al saber que no podía salir de aquel pozo de desesperación. Ahora es un hombre libre que ayuda a otros a salir de la depresión y ser libres de todos sus engañosos accesorios.

E hízome sacar de un lago de miseria, del lodo cenagoso; y puso mis pies sobre peña, y enderezó mis pasos. Puso luego en mi boca canción nueva, alabanza á nuestro Dios. Verán esto muchos, y temerán, Y esperarán en Jehová. (Sal. 40:2-3).

Este consejo no es fortuito, Dios jamás improvisa, Él trazó un perfecto plan desde antes de la fundación del mundo y te incluye; en Él hay previsión para todo, hasta para tus fallas. No pasarás por situaciones ajenas a Dios; aunque a ti te parezcan absurdas, para Dios tienen sentido, forman parte de su plan para ti, dentro de su plan para su Iglesia y para la iglesia local donde Él te puso (Ef. 1:3-6, 11-12, 1ª P. 1:2, Ro. 8:29-31).

Es por eso que te predestinó y predestinó la gracia que habrías de necesitar, así que es cuestión de que lo creas y te levantes, que lo reclames y lo poseas, como Israel poseyó las tierra prometida (1 Co. 2:7, 2 Ti. 1:9). Las obras que obrarás en su voluntad, ya fueron predestinadas para que te levantes de tu marginación y camines en ellas (Mt. 25:34).

Porque por gracia sois salvos por medio de la fe; y esto no de vosotros, pues es don de Dios; no por obras, para que nadie se gloríe. Porque somos hechura suya, creados en Cristo Jesús para buenas obras, las cuales Dios preparó de antemano para que anduviésemos en ellas (Ef. 2:8-10).

El mismo tiempo en que viniste al mundo, tu tiempo de vida y tu lugar de vivienda, estaban también previstos en el plan de Dios (Hch. 17:26). Por si no lo sabías, si has aceptado a Jesucristo como tu Salvador, es porque tu nombre estaba escrito en el Libro de la Vida desde antes de la fundación del mundo y por eso es que fuiste salvo, porque Dios te conoció según su **presciencia** y te eligió (Ap. 17:8, Hch. 13:48, 1ª P. 1:2). Bueno, hasta Dios ya sabe quiénes serán vencedores y quiénes no, pero no por ello priva a ningún creyente de las oportunidades de serlo (He. 12:23).

Del mismo modo es para los impíos, porque Dios ya sabe que lo rechazarán, aunque no por ello deja de darles tiempo y oportunidad para conocerle (Jd. 1:4, 1ª P. 2:8).

Sé bien que no es fácil comprender la predestinación, pero primero hay que creerla, tan sólo porque lo enseña la Biblia, despúes hay que disfrutarla, puesto que formas parte de ella al haber creído en Cristo como tu Salvador; pero además, hay que aceptarla, no como un capricho divino o un acto arbitrario de Dios, sino como resultado de ese atributo divino de la presciencia o conocimiento anticipado que Dios tiene de todas las cosas (Ro. 8:29, 1ª P. 1:2). Es importante recordar que Dios no hace acepción de personas, lo cual mantiene en perfecto equilibrio esta verdad (Job. 34:19, Mt. 22:16, Hch. 10:34-35, Ro. 2:11, Ef. 6:9, Col. 3:24-25, 1ª P. 1:17).

Yo he experimentado esta verdad bíblica, cierta vez en que me sentía tan mal que traté de devolverle a Dios el ministerio y quise hacer cosas que me descalificaran para que Dios me tomara la palabra, me dije: "Si a estas alturas vuelvo a fumar, Dios ya no me lo perdonará". Primero, Dios me dijo: "¿Quién te está preguntando si quieres seguir o no?", pero luego me envió a una persona que se quería suicidar, y de pronto me encontré tratando de darle motivos para vivir, le dije textos de la Biblia que pensé podrían levantarlo, oré por él, le exhorté y hasta le rogué, y pude ver con gozo que se levantaba. Entonces me di cuenta que la depresión, bien encausada, es un medio de entrenamiento divino para servir a Dios. Cuando me di cuenta, yo estaba muy gozoso y ya ni me acordaba de mis motivos de tristeza, porque el gozo de Dios me había embargado al ayudar a otro. Descubrí que así como la depresión está asociada a un desequilibrio bioquímico, el gozo es un medio de recuperar el equilibrio y vencer la depresión, de ello te explicaré más adelante con más detalle.

Con todo lo anterior, debes sentirte seguro, ya no consideres lo que estás pasando como producto de la casualidad o la mala suerte, es algo con dedicatoria que Dios permite para tu bien, es bueno para ti, si tan sólo reconoces la mano de Dios y su propósito en todo ello. Dios ya tiene ordenada tu victoria, levántate y poséela, reprende al diablo y echa fuera de tu alma la depresión, mándala a donde corresponde, al infierno y sé libre de ella y de sus nefastas consecuencias, en el Nombre de Jesús.

6. ADORAR Y ALABAR A DIOS

Cantar es una manera segura de cambiar el estado de ánimo. Recuerdo el problema de un hermano que no podía vencer definitivamente el alcoholismo, aunque por meses se mantenía firme, pero que al escuchar una canción triste, se identificaba con ella dejándose llevar por un espíritu bohemio, y por allí era inducido a tomar la primera copa, para seguir bebiendo y cantando sin poderse contener. Finalmente pudo vencer, aunque parezca increíble, cuando cambió el tipo de música de sus preferencias y aprendió a alabar a Dios con alegría.

Lutero compuso algunos de sus mejores himnos en momentos de depresión, como aquel que lo inspiró para que confesara que torre fuerte es el Nombre de Jehová, para que el justo sea levantado al correr a Él (Pr. 18:10).

Saúl encontraba consuelo en el arpa de David cuando salmeaba, su alma atormentada por el demonio de la depresión, descansaba al escuchar la música de Dios.

Los salmos mesiánicos fueron inspirados por el Espíritu Santo en las horas más oscuras de David (Sal. 74:21). La música elevará tu ánimo abatido.

Canta himnos, salmos y cánticos espirituales, escucha la música de Dios, pon atención a la letra y medita en su significado, también levanta cántico nuevo en otras lenguas y llegará el momento en que tu depresión será cosa del pasado, porque la música de Dios es liberadora.

Tú eres mi refugio; me guardarás de la angustia; con cánticos de liberación me rodearás. Selah (Sal. 32:7).

No os embriaguéis con vino, en lo cual hay disolución; antes bien sed llenos del Espíritu, hablando entre vosotros con salmos, con himnos y cánticos espirituales, cantando y alabando al Señor en vuestros corazones (Ef. 5:18-19)

¿Qué, pues? Oraré con el espíritu, pero oraré también con el entendimiento; cantaré con el espíritu, pero cantaré también con el entendimiento (1ª Co. 14:15).

Pablo y Silas habían sido aprehendidos con violencia, también habían sido azotados como si fueran delincuentes y encarcelados, para satisfacción de sus enemigos que esperaban mucho más castigo para ellos al día siguiente (Hch. 16:16-34); los cepos aprisionaban sus tobillos y las instrucciones al guardia era que los tuviera muy vigilados, pues eran hombres peligrosos. Sus espaldas habían sangrado y seguramente les ardían sus heridas no curadas, las moscas y demás bichos se les paraban sin que ellos pudieran evitarlo, provocando una infección acelerada. El calabozo más oscuro y nauseabundo fue destinado a ellos esa noche. Si ellos se hubieran quejado nadie lo tomaría a mal, razones suficientes tenían para hacerlo, pero ellos empezaron a orar en voz alta, también empezaron a cantar alabanzas que engrandecieron el Nombre de su Señor, demostrando que no desconfiaban, al contrario, confesaban su plena confianza y dependencia de su poderoso Dios. Los presos despertaron, los escucharon, se sorprendieron de que no se lamentaran. Esos hombres tenían algo, un secreto que los mantenía gozosos en tales circunstancias, todos estaban sorprendidos, nunca habían visto nada igual.

De pronto, empezó a temblar fuertemente, los goznes de las rejas se zafaron, los cerrojos se quebraron, las puertas se abrieron... ¡Qué oportunidad para fugarse! Algunos tal vez eran reos de muerte y no se presentaría otra oportunidad como esa nunca más, pero... en vez de correr a la calle, todos, sin excepción, se encaminaron al calabozo de más adentro. Allí nació una iglesia muy singular, de presos y maleantes arrepentidos, que habían caído bajo convicción por el canto triunfante de unos siervos del único Dios vivo y verdadero. Allí se sumó también al reino de Dios el carcelero, que estuvo por matarse con su propia espada al pensar que todos los presos habían huido, y también toda su familia. Tiempo después Pablo les escribe y les recuerda lo que pasó esa noche y cómo vencieron la depresión cantando, y les pide imitarlo, porque allí está la victoria segura que Dios ya nos ha dado (Fil. 4:9).

Yo no sabía que podía componer canciones hasta que estuve enamorado y deprimido porque mi novia me había cortado, le compuse algunas canciones, para convencerla de que volviera conmigo. Pero luego, en medio de la prueba y a punto de no poder más, le compuse un canto a Dios para alabarle y eso fue realmente liberador, pude además desbordar mis emociones para adorar a Dios. He escrito algunos cantos a Dios y más de ochocientos versos, en los que exalto y agradezco las bondades y sabiduría de Dios, y puedo decirte que en ellos muchas veces puse mi corazón, sobre todo, lo expuse a Dios para que Él me ministrara de su presencia y nunca me ha fallado.

7. DAR GRACIAS A DIOS POR LO QUE TE DEPRIME

Parece algo loco dar gracias a Dios por cosas desagradables, dolorosas o en las que pierdes algo que consideras bueno para ti, pero en ello está una clave de divina sabiduría. El pecado de desobediencia vino por causa de la semilla de independencia que el diablo sembró en el corazón de Eva, el mensaje del diablo fue: "Si comen del fruto prohibido no van a morir, como Dios les dijo, en cambio van a ser como dioses, no tendrán por qué obedecer más a Dios, pueden prescindir de Él…", pero sabemos que no les dijo la verdad (Gn. 3:1-6). Desde entonces, el hombre es rebelde por naturaleza y le cuesta trabajo someterse a Dios y a los demás, y pretendiendo ser independiente, tristemente quedó bajo la potestad de las tinieblas, porque el diablo adquirió derechos sobre él y lo domina mediante la naturaleza del pecado.

La gratitud, en cambio, es un acto de humildad, porque es reconocer que recibimos algo de otro sin haber hecho algo para merecerlo y lo estamos expresando. Recibir una bendición de Dios debe provocar gratitud, entendiendo que bendición no es sólo algo que nos agrada, sino algo que nos aprovecha, que produce en nosotros un verdadero beneficio; por lo tanto, una situación difícil o dolorosa puede ser una bendición, si nosotros reconocemos la mano de Dios en ello; recordemos que todas las cosas ayudan a bien a los que aman a Dios, tanto las buenas, como las desagradables, o que consideramos definitivamente malas.

> *Y sabemos que a los que aman a Dios, todas las cosas les ayudan a bien (las buenas y las malas), esto es, a los que conforme a su propósito son llamados* (Ro. 8:28) (paréntesis del autor).

Así que dale gracias a Dios como un acto de obediencia, hazlo por todo, pero en especial, por aquello que te molesta o te enoja, hazlo en fe y humildad, porque es la única manera bíblica de echarle a Dios la culpa por lo que te pasa, ¡claro que Él tuvo que ver con ello! Pero al agradecerlo descansará tu alma y sabrás que Él se hará cargo, porque su prestigio está de por medio y al reconocerlo, tú le estás dando libertad de acción (Ef. 5:20).

> *Por nada estéis afanosos, sino sean conocidas vuestras peticiones delante de Dios en toda oración y ruego, con acción de gracias. Y la paz de Dios, que*

sobrepasa todo entendimiento, guardará vuestros corazones y vuestros pensamientos en Cristo Jesús (Fil. 4:6-7).

Dar gracias es la vacuna contra la amargura que evitará que seas sumido en el hoyo de la depresión, es el antídoto contra el veneno de la rebelión que te puede aislar y hacerte rumiar tu desdén hasta enfermarte. La gratitud desintoxica el alma de las "toxinas" que causan la depresión, la enternece y la torna más sensible al consuelo divino.

Hace unos meses le pedí a Dios una Palm, una de esas computadoras de bolsillo, porque sabía que había versiones de la Biblia para esos equipos que yo deseaba traer conmigo, diccionarios de hebreo y griego, concordancias, referencias y demás ayudas para estudiar la Palabra de Dios y consultarla en cualquier momento, además de otros programas muy útiles que se pueden instalar en estos equipos. Investigué precios y las buenas estaban muy caras y las más modestas estaban más de mil pesos por encima de mi presupuesto.

De todos modos le pedí a mi hijo, que se dedica a la venta y reparación de equipo de cómputo, que si veía alguna oferta me avisase, pues sólo contaba con tres mil quinientos pesos.

Al día siguiente me trajo una Palm que salió de oferta y me dijo que justo cuando él llegó con su distribuidor, las estaba recibiendo, así que la compró en exactamente lo que yo tenía y además traía de regalo una tarjeta de memoria de 128 megabytes. El modelo tenía puerto *bluetooth* para comunicarse inalámbricamente con otros equipos, además tenía una cámara digital de 1.2 mega pixeles y grabadora de voz integrada. ¡Era una maravilla a un precio increíble! Así que le di gracias a Dios con un gusto enorme y pronto la tenía llena de datos y programas y pensaba cargarla con muchas más cosas. ¡Qué bueno es Dios!

El gusto me duró como tres meses, pues un día no la encontré y a la fecha no sé dónde quedó. Me puse triste, oré porque Dios me recordara dónde estaría, pero al paso de los días y después de buscarla por todos lados y de preguntar a quienes pudieran darme una razón, me convencí de que la había perdido. A mi mente llegó el pensamiento: "Dale gracias a Dios por eso". Pero lo deseché, pensando que era una ocurrencia mía. Días después finalmente lo hice, no me salió de muy adentro, aunque entendía que debía hacerlo con el mismo gusto que sentí cuando la recibí: "¡Qué bueno es Dios, me quitó la Palm que me había dado, muchas gracias mi Señor, qué bueno eres! Dios no me ha devuelto mi Palm, pero yo fui liberado de que se me endureciera el corazón, lo cual es una gran victoria. ¡Aleluya!

Al principio, uno lo hace por obediencia, porque así lo dice Dios en su Palabra, pero poco a poco el corazón se va abriendo y termina expresando con ternura que esa es la verdad. Job declaró con toda razón:

"Jehová dio, Jehová quitó: sea el Nombre de Jehová bendito"

Porque al adorarle en esa manera y reconocer que eso venía de su mano, no pecó, sino que fue liberado de la amargura que de otra manera hubiera aprisionado su corazón. El diablo no pudo tomar para sí esos créditos, pues aunque él había sido la mano ejecutora, el permiso lo había dado Dios con un buen propósito, así que en última instancia, realmente Él lo había hecho (Job. 1:20-22). Eso coloca al diablo en su justa dimensión, sin créditos ni gloria, como el "office boy" de Dios y de los cristianos. No lo olvides, dale a Dios las gracias por todo, tan sólo porque esa es su voluntad, y serás libre de toda posibilidad de depresión.

8. ORAR A DIOS

Si alguno está triste, haga oración, decía Santiago, el pastor de la iglesia de Jerusalén, seguro de que sabía lo que decía (Stg. 5:13, Lc. 18:1, Ro. 8:26-28). Como vimos antes, cuando el Señor fue atacado por la angustia como hombre, la combatió con los principios divinos y armas espirituales, porque sabía que pronto tendría que enfrentar la Cruz y la ira de su Padre contra el pecado en sí mismo, así que oró y fue confortado por un ángel enviado por Dios (Mt. 26:38-41, Lc. 22:41-44). Orar es un medio de derramar el corazón a Dios, de quejarse sin reproche y hablar con franqueza, amor y respeto profundos a Dios, por todo aquello que nos desanima y deprime (Sal. 61:2, 62:5-8, 143:7, 1° R. 19:4-8).

Pacientemente esperé a Jehová, y se inclinó a mí, y oyó mi clamor. Y me hizo sacar del pozo de la desesperación, del lodo cenagoso; puso mis pies sobre peña, y enderezó mis pasos. Puso luego en mi boca cántico nuevo, alabanza a nuestro Dios. Verán esto muchos, y temerán, y confiarán en Jehová (Sal. 40:1-3).

Habla primero con Dios, antes que con cualquier otro, desahógate con tu Padre Celestial primero, Padre de misericordias y Dios de toda consolación (Fil. 4:6, 2 Co. 1:3), hazlo con tu espíritu y con tu entendimiento, hasta recibir el reposo **sobrenatural** que sólo Él puede darnos (1 Co. 14:15). Aún ángeles te enviará Dios para auxiliarte, te lo aseguro, y saldrás vencedor (Hch. 27:22-25).

Hay muchas maneras de orar y hay que aprender a usarlas según la necesidad. Pablo dice que oremos siempre en el Espíritu con todo tipo de oración y ruego, velando en ello con toda instancia (Ef. 6:18). No es lo mismo pedir que rogar, que interceder o que confesar en fe la Palabra de Dios, o que gemir desde el espíritu u orar en lenguas; son diferentes maneras de orar, todas ellas muy valiosas y tienen su lugar en la vida espiritual. La mejor manera de diferenciarlas es pasar tiempo orando y dando libertad al Espíritu Santo para que nos guíe cómo hacerlo cada vez, porque la clave es orar en el Espíritu siempre.

Josué oró y después, seguro de haber sido escuchado y de lo que Dios le había mandado respecto a la conquista de la tierra prometida, con el fin de dar cuenta de sus enemigos, mandó al sol detenerse y así sucedió, se detuvo todo el universo por casi un día entero, porque Dios atiende a la oración de los hombres que le creen (Jos. 10:7-14).

Daniel aprendió a orar y a interceder, varias veces ayunó y oró para obtener respuesta de Dios; una ocasión pasó veintiún días intercediendo por algo que sabía que Dios quería hacer y llegó la respuesta, misma que había salido de Dios desde el primer día de sus ruegos, pero que el diablo estorbó, y gracias a su perseverancia en orar, la victoria se dio y finalmente llegó la respuesta (Dn. 9:1-3, 20-23, 10:1-3, 10-14).

Si Dios pudiera obrar cosas sin que desde la tierra se pidiera por ello, la oración no sería tan importante, porque Dios podría prescindir de ella, pero no es así. Dios requiere de la oración para que su voluntad se ponga en marcha en la tierra. El cristiano sabe bien que Jesucristo, resucitado y exaltado, está a la diestra del Padre, y nos dio su Nombre para orar, garantizándonos que todo lo que pidiéremos al Padre en su Nombre, Él lo haría (Mt. 21:22, Mr.

11:24, Jn. 14:13-14, 15:16, 16:23). No puedes permanecer abatido si tienes a tu disposición un recurso tan poderoso, que te coloca en los mismos cielos juntamente con Cristo (Ef. 2:6-7). Si oras conforme a su voluntad, tienes garantizada la respuesta, ya tienes lo que pediste.

Y ésta es la confianza que tenemos en él, que si pedimos alguna cosa conforme a su voluntad, él nos oye. Y si sabemos que él nos oye en cualquiera cosa que pidamos, sabemos que tenemos las peticiones que le hayamos hecho (1 Jn. 5:14-15).

La Biblia nos narra que Dios había sentenciado a la tierra de Israel a ser destruida por causa de los muchos pecados de su pueblo, pero sentía compasión de ella y buscó a alguien que estuviera intercediendo por la tierra y no lo encontró, así que tuvo que hacerlo (Ez. 22:30-31).

Dios compara a los intercesores con los vigías que estaban en las torres de los muros de la ciudad, eran los atalayas que velaban por el bienestar del pueblo y les instruyó para que no dejaran de orar hasta que Jerusalén fuera restaurada (Is. 62:6-7). La oración eficaz del justo es poderosa y Dios la usa para hacer su voluntad (Stg. 5:16-18).

Hay libros enteros dedicados a explicar las bondades de la oración verdadera, es un arma poderosísima de la cual no podemos prescindir, porque es la manera de atar y desatar cosas en la tierra, que serán atadas y desatadas en los mismos cielos.

De cierto os digo que todo lo que atéis en la tierra, será atado en el cielo; y todo lo que desatéis en la tierra, será desatado en el cielo. Otra vez os digo, que si dos de vosotros se pusieren de acuerdo en la tierra acerca de cualquiera cosa que pidieren, les será hecho por mi Padre que está en los cielos. Porque donde están dos o tres congregados en mi nombre, allí estoy yo en medio de ellos (Mt. 18:18-20).

9. ESCRIBIR SOBRE CÓMO SALISTE AVANTE DE TUS DEPRESIONES

Gracias a Dios, David escribió sobre sus depresiones y sus victorias. Cuando salgas de la crisis, sigue su ejemplo. Seguramente habrás aprendido un camino maravilloso de victoria que no debes olvidar, así que escríbelo considerando cuatro cosas, porque con toda seguridad Dios las habrá obrado en tu vida:

> **a)** Habrás tenido una experiencia real del poder de Dios en tu propia vida al pronunciar su Nombre y ser sanado y liberado (Sal. 118:6-14). Esto tiene que ver con las obras de Dios que se realizarán cuando las declares en el nombre de Cristo, porque al hacerlo se liberará el poder de la voluntad creativa de Dios. Recuerda que en su Nombre podemos echar fuera demonios, como el de la depresión; podemos hablar nuevas lenguas, para adorarle o interceder; podemos tener dominio sobre la naturaleza y las criaturas; podemos en su Nombre ser resguardados de venenos de todo tipo, que en manera natural nos matarían, y podemos imponer las manos sobre los enfermos para que sanen (Mr. 16:16-18). Recuerda que tenemos potestad sobre toda fuerza del enemigo y nada nos dañará, por lo tanto, no te dejes intimidar por las circunstancias, tú tienes los recursos para vencer.

> > *Y les dijo: Yo veía a Satanás caer del cielo como un rayo. He aquí os doy potestad de hollar serpientes y escorpiones, y sobre toda fuerza del enemigo, y nada os dañará. Pero no os regocijéis de qué los espíritus se os sujetan, sino regocijaos de que vuestros nombres están escritos en los cielos* (Lc. 10:18-20).

> Aún puedes ejercer dominio sobre las trampas mentales del razonamiento lógico, que pesa las circunstancias y concluye que todo se acabó; pues tienes la facultad de cautivar todo intento de la mente y traerlo a la obediencia de Cristo (2ª Co. 10:4-5). Cautiva tu mente, somete tus pensamientos a Cristo y no desmayarás nunca, por dura que sea la batalla (He. 12:3-4).

> Al comprobar la eficacia de los recursos de Dios, escribe, testifica, proclama la grandeza de Dios y dale la gloria por la victoria y por la llave que Dios te dio cuando creías que todo había terminado. ¡Aleluya!

> **b)** Además, seguramente habrás heredado alguna promesa que Dios te habló en tu tristeza y te cumplió fielmente, su diestra te ha sostenido (2ª Co. 1:20). Las pruebas convierten la teoría en experiencias de gloria.

Cuando asistimos regularmente a la iglesia, Dios que nos conoce bien, nos enseña su verdad, nos revela sus principios de vida y nos permite conocer sus preciosas promesas, que son una manera de comprometerse con nosotros para sacarnos delante de todas las circunstancias y dificultades que tengamos qué enfrentar. Salimos de los cultos muy edificados en nuestra fe, sabemos bien que Dios es poderoso y fiel, pero todavía es teoría, hermosas verdades, pero sólo conceptuales, mientras no las llevemos a la práctica. David oró cierta vez: *"Dios muéstrame tu gloria, así como la he mirado en el santuario"* (Sal. 63:1-2), y Dios le respondió y nos responde, cuando en medio de las dificultades podemos creer sus promesas, aplicar sus principios y corroborar en la experiencia su verdad. Eso es heredar, eso es poseer nuestra herencia entregada a nosotros en promesas, esa es nuestra tierra prometida que debemos conquistar, y como el pueblo de Israel, debemos echar fuera a nuestros enemigos que pretenden usurpar lo que es nuestro en Cristo.

Qué diferente es hablar de sanidad creyendo que la Biblia es la verdad, pero sin haberla experimentado, a cuando hemos creído y esperado hasta haber podido sentir el amor de Dios sanándonos. Cuánta convicción adquiere el corazón, porque la Palabra de Dios se ha hecho parte de nosotros. Todas las promesas de Dios son en Cristo sí, y en Él amén siempre, para quienes las creen y esperan pacientemente que se cumplan en su vida (2ª Co. 1:20).

A fin de que no os hagáis perezosos, sino imitadores de aquellos que por la fe y la paciencia heredan las promesas (He. 6:12).

El laboratorio de Dios donde se ponen a prueba y se comprueban las verdades del Evangelio, es nuestra vida diaria, llena de situaciones imprevistas, algunas agradables, pero otras dolorosas, en las cuales las circunstancias parecen contradecir lo que la Palabra de Dios afirma; ese es el momento de la prueba de nuestra fe, tenemos que decidir quién tiene la razón, lo que percibimos con nuestros sentidos o lo que Dios declara en su Palabra. Es entonces cuando la Palabra liberará su poder para quienes la creen y podremos disfrutar de su cumplimiento (Ro. 1:16-17).

La adversidad tiene una cara espantosa, pero en realidad es una bendición disfrazada, si tan sólo creemos que Dios es veraz y su Palabra es 100% confiable. Porque sólo cuando las promesas de Dios se cumplen es que, por medio de ellas, participamos más de su naturaleza divina.

Por medio de las cuales nos ha dado preciosas y grandísimas promesas, para que por ellas llegaseis a ser participantes de la naturaleza divina, habiendo huido de la corrupción que hay en el mundo a causa de la concupiscencia (2ª P. 1:4).

En el cielo no podremos incrementar nuestra gloria, se tiene que hacer desde la tierra y ahora, mientras tengamos oportunidad. Son las aflicciones breves tiempos de prueba, que fueron diseñadas por Dios para hacernos participar de más gloria y aumentar nuestras divisas celestiales que, cuando vayamos al cielo, disfrutaremos por toda la eternidad, así que anímate, no veas el lado oscuro de las cosas, sino ve las cosas como Dios las dice en su Palabra, como Él las ve, mediante la fe (2ª Co. 4:16-18).

El Espíritu mismo da testimonio a nuestro espíritu, de que somos hijos de Dios. Y si hijos, también herederos; herederos de Dios y coherederos con Cristo, si es que padecemos juntamente con él, para que juntamente con él seamos glorificados. Pues tengo por cierto que las aflicciones del tiempo presente no son comparables con la gloria venidera que en nosotros ha de manifestarse (Ro. 8:17-18).

Cuando trabajaba como ingeniero en una compañía privada, tenía una gran responsabilidad. Tenía bajo mi cargo diferentes áreas: de presupuestos, de diseño, de ingeniería de detalle, de abastecimientos y de control de materiales de fabricación. Los errores de ingeniería son muy costosos y sus problemas muy complejos y de difícil solución. Me resisto a llamarle trabajo secular, porque eso traza en nuestra mente una línea de separación, respecto de nuestras actividades espirituales o de servicio a Dios, porque aprendí que Dios no es ajeno a nuestro trabajo con el que nos ganamos el sustento. Muchas veces allí es donde surgían las crisis y tribulaciones que, de no intervenir Dios, me hubieran aplastado. Muchas veces tuve como mi cámara secreta de la oficina, los sanitarios, porque allí podía encerrarme para orar y pedir a Dios su intervención, ayudándome con su sabiduría en problemas de ingeniería. Puedo testificar que Dios fielmente cumplió su Palabra y me dio la victoria, tengo registrado en mi bitácora varias ocasiones en las que, sin una salida humana, Dios me dio la solución, incluso con cálculos complejos de ingeniería y procedimientos técnicos. Tú también registra, escribe tus experiencias, serán muy valiosas para el futuro y para otros a quien ayudarás, que ahora ni te imaginas.

c) También te habrá mostrado algunas cosas tuyas que debías entregarle, para que Él las pudiera cambiar para mejorarte.

Mas el Dios de toda gracia, que nos llamó a su gloria eterna en Jesucristo, después que hayáis padecido un poco de tiempo, él mismo os perfeccione, afirme, fortalezca y establezca. A él sea la gloria y el imperio por los siglos de los siglos. Amén (1 P. 5:10-11).

Esta es otra fase en la que podemos ver la gloria de Dios, porque Dios te recibió y aceptó tal como eras, pero de inmediato te empezó a cambiar. Hay Muchas cosas de nuestra vida que no estamos dispuestos a entregar a Dios: nuestro carácter, nuestra manera de ser, nuestras metas personales que no corresponden a las suyas, nuestras costumbres, gustos, inclinaciones y ocupaciones. Traemos un molde, en parte por la formación que recibimos de nuestros padres, y en parte por la manera en que nos relacionamos con el mundo, de modo que, chocamos en mucho con el molde que Dios tiene y su voluntad específica para cada uno de nosotros.

A veces no es fácil ceder a lo que Dios nos pide, nos cerramos, nos resistimos, hasta nos rebelamos a la voluntad de Dios. Es por eso que Él tiene que convencernos de lo que es mejor para nosotros, y cuando no entendemos por las buenas, Dios usa el recurso del dolor y se vale de los momentos difíciles que pasamos para hacernos más sensibles y flexibles. Así cedemos, así cambiamos, así maduramos, sólo así somos moldeados a su voluntad (Ro. 9:20, 23-24, Fil. 2:13).

La madurez no se obtiene sólo con ganas, requerimos ser forjados, nuestro carácter tiene que ser transformado para que lleguemos a ser semejantes a Cristo, lo cual requiere de varios ingredientes, entre ellos el dolor. Así que no te extrañes como si lo que te pasa fuera producto de la casualidad, más bien coopera siendo dócil, para que Dios logre sus propósitos en ti y más pronto llegues a parecerte a Él.

Amados, no os sorprendáis del fuego de prueba que os ha sobrevenido, como si alguna cosa extraña os aconteciese, sino gozaos por cuanto sois participantes de los padecimientos de Cristo, para que también en la revelación de su gloria os gocéis con gran alegría... pero si alguno padece como cristiano, no se avergüence, sino glorifique a Dios por ello (1ª P. 4:12-13, 19).

Si Dios te salvó, debes saber que Él tiene un plan para ti, un llamado específico, un equipamiento, un entrenamiento y un cumplimiento. Las dificultades son parte de tu entrenamiento. Los soldados no sólo son equipados con armas poderosas para ir a la batalla, deben ser entrenados para enfrentar los peligros, para resistir los embates, para usar su equipo adecuadamente, porque el mejor entrenado es el que prevalecerá. Ya no mires que son muchas tus adversidades y no puedes más, antes bien, confía en que Dios es fiel y no te permitirá ser probado más de lo que puedes aguantar, antes te dará la salida para que aguantes, sí, para que sigas adelante y no te quedes a medio camino (1ª Co. 10:13). La prueba es un recurso de Dios para perfeccionarte, no piensa deshacerse de ti, sino llevarte a la plenitud, levántate y sigue adelante (1ª P. 5:10-11).

Cuando llegue el tiempo de la cosecha y veas el fruto, el tiempo de los resultados, del ministerio eficaz, podrás reconocer que valió la pena pasar por ese valle de problemas, aunque no haya sido fácil y hayas tenido que sufrir. La Biblia nos dice que cuando un bebé nace, la mamá se goza tanto por verlo vivo y sano, que ni se acuerda de su dolor (Jn. 16:21). El apóstol Pablo enseñó que:

Es verdad que ninguna disciplina al presente parece ser causa de gozo, sino de tristeza; pero después da fruto apacible de justicia a los que en ella han sido ejercitados. Por lo cual, levantad las manos caídas y las rodillas paralizadas; y haced sendas derechas para vuestros pies, para que lo cojo no se salga del camino, sino que sea sanado (He. 12:11).

d) Y por supuesto, Dios te habrá hablado y te será un Dios más personal, a quien conocerás mejor, que te capacitó para servirle ayudando a otros, porque sabes que Él siempre está contigo (2ª Co. 1:3-5).

La presencia de Dios es una gloria que no todos pueden disfrutar, es sólo para aquellos que se han acostumbrado a seguir sus pasos hasta alcanzarlo. Dios está en todos lados, es verdad, pero no todos lo perciben, sólo aquellos que lo han hecho su prioridad y le creen con integridad.

La presencia de Dios es mostrada en el Antiguo Testamento como el rostro de Dios. David llegó a pensar que Dios ya no estaba con él y declaró que había encubierto su rostro de él (Sal. 13:1, 44:24, 69:17); luego, se sobreponía y clamaba por obtener la luz de su rostro (Sal. 88:14, 102:2, 143:7). Claro que remontaba la cuesta y declaraba que el rostro de Dios se mostraba siempre para con los pobres y con los que saben aclamarle (Sal. 22:24, 89:15).

Los evangelios nos narran que cierta noche oscura, los discípulos estaban agobiados de luchar contra el viento y las olas, y para colmo de sus males, creyeron ver un fantasma y gritaron aterrados al ver esa figura moverse sobre las aguas agitadas. La depresión te hace ver fantasmas cuando en realidad es Dios quien viene a socorrerte. No teman soy yo, les gritó el Señor que venía caminando sobre las olas. Qué alivio fue comprobar que era Él, eso cambió todas las cosas (Mt. 14:24-27). Tu percepción de las cosas cambiará cuando puedas identificar que Él siempre ha estado contigo, porque así lo prometió (Mt. 28:20).

Sean vuestras costumbres sin avaricia, contentos con lo que tenéis ahora; porque él dijo: No te desampararé, ni te dejaré; de manera que podemos decir confiadamente: El Señor es mi ayudador; no temeré lo que me pueda hacer el hombre (He. 13:5-6).

Cuando un hijo pequeño se nos pierde, la sensación de angustia es terrible, y crece a la medida que pasa el tiempo; se siente uno tan impotente, tan frustrado. Piensa uno en el peligro, pero también en el miedo que debe sentir el niño al verse solo. A nosotros nos pasó, a mi esposa y a mí, fue en un centro comercial, lejos de nuestra casa. Ella corrió para un lado gritando el nombre de nuestra pequeña que tenía sólo tres años. Lleno de temor, yo corrí al lado opuesto mirando por los pasillos. Mi esposa llegó a Servicios al Cliente y pidió que la vocearan. Yo corrí a la puerta para evitar que saliera, pero esperando que aún no lo hubiera hecho. Miraba para todos lados, mi corazón se me salía por la garganta. ¡Dios mío! –clamé— ¡cuídala! Y vino paz a mi corazón. Cobré conciencia de la presencia de Dios y esperé. Mi esposa vino a mi encuentro y al no verla conmigo, con ojos ansiosos me reclamó: ¿Por qué te descuidaste? La abracé y le dije: Confía en Dios, Él está con nosotros.

Los minutos parecían horas, muchos pensamientos negativos cruzaban la mente, cuántas posibilidades: ¿Y si se la robaron? ¿Y si ya salió de la tienda? ¿Y si intenta cruzar la calle? ¿Y si nunca la volvemos a ver? Pero no. ¡Dios, gracias por cuidarla, Tú estás con ella, tráela de regreso! –repetía en mi corazón.

De pronto escuchamos nuestro apellido en el sonido y corrimos a Servicios al Cliente. ¡Qué alivio! Allí estaba, tranquila, con una gran sonrisa. Resultó que vio a otra pequeñita y simplemente le tomó la mano y se fue con ella siguiendo a su mamá, quien la cuidó mientras hacían fila en las cajas para pagar, y fue hasta que salieron, que nuestra nena no soltaba a la suya, que la llevaron al sonido, donde ya la estaban buscando. No pasó nada malo, gracias a Dios, pero qué frágil se siente uno en esas circunstancias y cómo se sufre. Sólo se experimenta paz al reconocer la presencia de Dios.

Escribir es bueno para la memoria, olvidar las cosas buenas es un ingrediente depresivo. Algunos escriben un diario, hazlo y registra los testimonios de la fidelidad de Dios, y puedas recordarlos.

VII. MANTENIÉNDOSE EN LA CIMA

Como te lo mencioné antes, tanto el diablo como Dios, usan la tristeza para sus fines, Dios para producir arrepentimiento, el diablo para condenar, destruir y matar (2ª Co. 7:9-10). Dios lo permite por un momento, con el fin de quitar las cosas que nos impiden ser más bendecidos, pero no es de su corazón el afligirnos, lo hace sólo cuando es necesario.

Porque el Señor no desecha para siempre; antes si aflige, también se compadece según la multitud de sus misericordias; porque no aflige ni entristece voluntariamente a los hijos de los hombres (Lam. 3:31-33).

El gozo y la alegría, son en cambio emociones maravillosas. Según la Biblia pueden experimentarse juntas y difieren entre sí en que, la alegría se siente al recibir un bien, mientras que el gozo se experimenta más cuando se da o se sirve (Est. 8:17, 9:22, Sal. 43:4, Is. 35:10, 61:3, Jr. 33:11). El mundo tiene motivos de gozo y de alegría, pero de Dios viene el gozo verdadero y duradero. Los placeres de este mundo se disfrutan mientras se hacen las cosas, para luego dejar una sensación de vacío; los placeres de Dios perduran para siempre.

El gozo de Dios es un sentido de satisfacción profundo por haber concluido una obra, por hacer lo correcto aunque sea difícil, o salir con bien en una etapa de la vida; por haber servido o bendecido a alguien; es también la capacidad de disfrutar algún placer legítimo.

Así como la depresión produce un estado de desdicha y desgracia que hace sentir a la gente muy miserable, Dios tiene un secreto maravilloso que permite a los creyentes en Él, experimentar una dicha permanente, no importando las circunstancias que lo rodean, este secreto es el regocijo espiritual.

Hay siete fuentes de este tipo de regocijo, manantiales de vida abundante a los que todos podemos acercarnos para beber y saciarnos. No en balde la Biblia manda en forma imperativa: *"Estad siempre gozosos"*, *"Regocijaos en el Señor siempre"* (1 Ts. 5:16, Fil. 4:4). No de vez en cuando, sino siempre, en todo tiempo, bajo cualquier circunstancia.

Valiéndonos del esquema de las siete relaciones básicas, que explicaremos al detalle en la segunda parte de este libro, veremos en la Biblia las fuentes del verdadero gozo, seguros de que cualquier texto no tratado en el estudio que encuentres en la Biblia sobre el tema, siempre se podrá ubicar en cualquiera de ellas, porque es la manera de ver los temas de la Palabra de Dios en forma integral y no como conceptos sueltos:

1. LA PALABRA DE DIOS ES FUENTE DE GOZO

Jeremías encontró en la Palabra de Dios una fuente de gozo, por medio de ella aprendió a estar en la cima (Jr. 15:16). El gozo abunda cuando se comprende lo que Dios está haciendo (Neh. 8:8-12). Es un deleite el recibirla en fe (Sal. 119:17, 77, 143, 174). La ley de Dios produce gozo verdadero cuando se medita y se comprende. Si quieres estar a salvo de la depresión, si deseas estar en la cima, mantente lleno cada día de la Palabra de Dios y serás dichoso.

Bienaventurado el varón que no anduvo en consejo de malos, ni estuvo en camino de pecadores, ni en silla de escarnecedores se ha sentado; sino que en la ley de Jehová está su delicia, y en su ley medita de día y de noche. Será como árbol plantado junto a corrientes de aguas, que da su fruto en su tiempo, y su hoja no cae; y todo lo que hace, prosperará (Sal. 1:1-3).

Recuerdo bien a una mujer cargada de problemas serios con uno de sus hijos, por años había sufrido su desprecio y falta de respeto. Sin su esposo que la respaldara y siendo agredida frecuentemente hasta los golpes por su hijo, llegó a pensar que la vida era tan mala que lo mejor era morir. Realmente pude ver el milagroso efecto de la Palabra de Dios cuando dice:

Porque las cosas que antes fueron escritas, para nuestra enseñanza fueron escritas; para que por la paciencia, y por la consolación de las Escrituras, tengamos esperanza (Ro. 15:4).

Ella se pudo identificar con personas como Ester, pudo entender que cuando todo parece estar de cabeza y las peores cosas nos suceden, Dios se encuentra a nuestro lado para ayudarnos mediante la fe, a vencer, no hasta que las cosas cambian, sino en medio de las dificultades, de modo que podemos anticiparnos con gozo, lo cual la Biblia llama esperanza.

2. TESTIFICAR DE CRISTO ES FUENTE DE GOZO

Nuestra relación con el mundo se debe dar en dos maneras correctas: Separarnos de su sistema (1 Jn. 2:15-17) y dar nuestro testimonio acerca de Cristo con nuestra boca y nuestra vida (Mt. 5:14-16).

El sistema de este mundo tiene sus propias fuentes de gozo vano (Pr. 14:12-13, Job. 20:4-5); pero el cristiano no debe buscar en el mundo su satisfacción (Jn. 17:13-16).

De cierto, de cierto os digo, que vosotros lloraréis y lamentaréis, y el mundo se alegrará; pero aunque vosotros estéis tristes, vuestra tristeza se convertirá en gozo. La mujer cuando da a luz, tiene dolor, porque ha llegado su hora; pero después que ha dado a luz un niño, ya no se acuerda de la angustia, por el gozo de que haya nacido un hombre en el mundo. También vosotros ahora tenéis tristeza; pero os volveré a ver, y se gozará vuestro corazón, y nadie os quitará vuestro gozo (Jn. 16:20-22).

La fuente del gozo divino es, en este caso, el dar testimonio al mundo, poder llevar el amor de Dios a las almas perdidas y sumidas en la miseria (Is. 61:1-3, Hch. 16:30-34, 13:47-49). El evangelio, son alegres nuevas, nuevas de gran gozo (Is. 52:7, Lc. 2:10). Cuando el evangelio es predicado, la gente se goza al recibirlo, pero más el que lo comparte (Hch. 15:3, Is. 9:2-3). Si quieres disfrutar de mucho gozo, testifica del amor de Dios con tus vecinos, con tus amigos y compañeros de escuela o trabajo, con quienes te relacionas cada día, con quienes Dios te dé oportunidad. Dios está interesado en bendecir a la gente, pero alguien tiene que ser portador de su mensaje y de su poder para ayudarlos, liberarlos, perdonarlos, sanarlos y mostrarles su amor. El gozo del cielo es algo que puedes experimentar, cuando por medio tuyo un pecador se arrepiente y recibe a Cristo en su corazón (Lc. 15:7-10).

Si no has probado esto, te animo a hacerlo, aunque no estés deprimido. Sal a la calle y pídele a Dios un alma, luego camina rumbo al mercado o a una estación del metro, observa a la gente, descubrirás a alguien triste o preocupado, acércate a él y con una sonrisa amable dile que sabes de alguien que le puede ayudar. Luego que te vea sorprendido, añade que es seguro que lo hará, que se llama Jesucristo y que a ti te ayudó cuando más lo necesitaste. Yo he visto a muchos recibir a Cristo de esta manera y te aseguro que cuando veas transformarse el rostro de la persona, el tuyo estará radiante, porque sentirás un poco de lo que Dios siente cuando alguien le permite entrar a su corazón. Es mejor que la adrenalina y que cualquier otra fuerte emoción.

3. EL GOZO QUE DA LA OBEDIENCIA

La autoridad nos fue dada para protección y por lo tanto es una fuente de seguridad y gozo para quienes la reciben (2ª Co. 1:24). El humilde es aquel que no resiste a la autoridad, por eso está garantizado su gozo (1ª Ts. 3:8-10, Is. 29:19).

Hay un gozo especial en servir, es parte de la obediencia humilde que se mueve en la gracia de Dios (Stg. 4:6, Flm. 4-7, 20-21). Es gozo para quien obedece, pero es gozo también para quien es su autoridad, como el padre se goza por un buen hijo (Pr. 23:24-25).

Porque vuestra obediencia ha venido a ser notoria a todos, así que me gozo de vosotros; pero quiero que seáis sabios para el bien, e ingenuos para el mal. Y el Dios de paz aplastará en breve a Satanás bajo vuestros pies. La gracia de nuestro Señor Jesucristo sea con vosotros (Ro. 16:19-20).

También puedo decirte que produce mucha paz el hacer lo que se te pide, sobre todo si es algo bueno que está conforme a la Biblia, porque sabes que lo correcto siempre agrada a Dios, aunque no sea lo más fácil. Cierta vez, una de mis hijas sintió gran tentación de tomar un juguete cuando estábamos de compras en un supermercado, así que lo escondió en las mangas de su suéter. Cuando salimos de la tienda y regresábamos a casa, mi hija sacó su tesoro y empezó a jugar. Yo me di cuenta y le pregunté de dónde había obtenido el juguete, ella me dijo que era de una amiga suya que se lo había prestado. Me di cuenta que mentía y ella de que yo me había dado cuenta, así que me dijo que se lo había encontrado en la entrada de la tienda, de nuevo su rostro la delató y no le quedó de otra que decirme que lo había sacado de la tienda. Ella sabía que yo no toleraba algo así, y empezó a llorar. Sin decir palabra, me di la vuelta y regresamos a la tienda. Llegando le dije: Vamos a devolver el juguete, pero tú vas a explicar al empleado de servicios al cliente lo que hiciste, que estás arrepentida y lo quieres devolver. Ella me suplicó que le pegara y castigara de otra manera, pero que no le mandara hacer eso. Mi rostro le indicó que no tenía opción, así que la acompañé y tuvo que hacerlo, el empleado llamó a un guardia de seguridad, ella se asustó mucho, pensando que se la iban a llevar, pero el empleado entregó el juguete al guardia y le dijo que era una devolución, luego le dijo a mi hija: "Qué bueno que lo devolviste, estoy seguro que has aprendido una gran lección y no lo volverás a hacer". El color le volvió al rostro y a sus ocho años aprendió dos cosas en esa ocasión: No robar y no mentir, es lo que siempre mantiene la bendición de Dios, y además qué, obedecer nos libera del sentimiento de culpa que nos impide disfrutar lo que tenemos sin derecho. Ahora sabe que la paz es un tesoro mayor que muchos bienes materiales.

4. *EL SUMO GOZO POR LAS PRUEBAS*

Las horas de dificultad son estresantes, a veces angustiantes, en forma lógica nada tienen qué ver con el gozo; sin embargo, Dios sabe que el gozo es la clave para que no nos afecten. Gozarse en las pruebas no es una forma masoquista de enfrentar los problemas, al contrario, es una forma de ver el futuro, evitando que el presente nos deprima. Santiago nos dice que nos gocemos al saber que la prueba logra nuestra cabal plenitud, pues nos concentra en los propósitos y no en el problema.

Hermanos míos, tened por sumo gozo cuando os halléis en diversas pruebas, sabiendo que la prueba de vuestra fe produce paciencia. Mas tenga la paciencia su obra completa, para que seáis perfectos y cabales, sin que os falte cosa alguna. Y si alguno de vosotros tiene falta de sabiduría, pídala a Dios, el cual da a todos abundantemente y sin reproche, y le será dada (Stg. 1:2-5).

La tribulación en lo natural es deprimente, pero cuando se tiene fe en Dios, se puede uno gozar, no por la prueba, sino porque sabemos que Dios está obrando su perfecta voluntad y es una parte del paquete (1ª Ts. 1:6-7, Ro. 8:28). Sufrir por hacer lo correcto, por servir al Señor, produce un gozo especial, celestial, divino, ajeno a lo que se puede sentir por otros motivos, sabiendo que el futuro con Cristo será más glorioso para quien está dispuesto a seguir adelante en medio de las dificultades (Mt. 5:11-12, Lc. 6:22-23, 2ª Co. 6:10, Hch. 13:49-52).

En lo cual vosotros os alegráis, aunque ahora por un poco de tiempo, si es necesario, tengáis que ser afligidos en diversas pruebas, para que sometida a prueba vuestra fe, mucho más preciosa que el oro, el cual aunque perecedero se prueba con fuego, sea hallada en alabanza, gloria y honra cuando sea manifestado Jesucristo, a quien amáis sin haberle visto, en quien creyendo, aunque ahora no lo veáis, os alegráis con gozo inefable y glorioso; obteniendo el fin de vuestra fe, que es la salvación de vuestras almas (1ª P. 1:6-9).

A veces las cosas materiales pueden perderse, y si nuestro corazón está apegado a ellas, podemos deprimirnos mucho, pero si vemos que las cosas que Dios ha preparado para nosotros son eternas y nadie nos las podrá quitar, podremos gozarnos por ello mientras perdemos algo material, porque en contraste no hay comparación, las cosas eternas son muy superiores (He. 10:34, Mt. 6:19-21, Ro. 8:17-18, 1ª P. 4:13).

Por tanto, no desmayamos; antes aunque este nuestro hombre exterior se va desgastando, el interior no obstante se renueva de día en día. Porque esta leve tribulación momentánea produce en nosotros un cada vez más excelente y eterno peso de gloria; no mirando nosotros las cosas que se ven, sino las que no se ven; pues las cosas que se ven son temporales, pero las que no se ven son eternas (2ª Co. 4:16-18).

Debemos entender además que el dolor es divino, pues nadie sufrió como nuestro amado Salvador, y cuando Él nos concede pasar por algún dolor, podemos identificarnos más con Él y comprender mejor su sacrificio y su infinito amor, pensar en ello evitará la depresión, pero además nos llenará de sentido tener el privilegio de pasar por ese valle cuando Dios lo consideró necesario, porque el fruto vale la pena (He. 12:2-3, Jn. 16:21-22).

El dolor también nos corrige, sobre todo cuando Dios nos ha hablado en otras maneras y no hemos hecho caso, y el fruto de ello es bueno, por lo cual debemos gozarnos (He. 12:11, Is. 53:12, 2 Co. 7:4).

Porque la tristeza que es según Dios produce arrepentimiento para salvación, de que no hay que arrepentirse; pero la tristeza del mundo produce muerte. Porque he aquí, esto mismo de que hayáis sido contristados según Dios, ¡qué solicitud produjo en vosotros, qué defensa, qué indignación, qué temor, qué ardiente afecto, qué celo, y qué vindicación! En todo os habéis mostrado limpios en el asunto (2 Co.7: 10-11).

5. GOZARSE POR EL PROGRESO

Dios jamás improvisa, Él trazó su perfecto plan desde antes de la fundación del mundo y prevalecerá hasta su plenitud, y en ese plan estamos incluidos tú y yo, es por eso que nos salvó (2 Ti. 1:9, Tit. 1:2). Si ya eres salvo, no te debe caber la menor duda que formas parte del plan de Dios en este tiempo y en este lugar, lo cual debe llenar de gozo tu corazón, eres parte de algo importante, de lo más importante que está sucediendo en esta tierra: El plan de Dios.

Es también claro que sin la ayuda de Dios, jamás podríamos llenar las expectativas divinas, es por eso que existe la gracia, que no es otra cosa que la suficiencia de

Dios para que podamos hacer su voluntad perfecta (Ro. 1:5, 5:21, 6:14, 16:20, 1ª Co. 3:10, 15:10, 2ª Co. 6:1).

Por quien también tenemos entrada por la fe a esta gracia en la cual estamos firmes, y nos gloriamos (gozamos) en la esperanza de la gloria de Dios (Ro. 5:2) (paréntesis del autor).

Recibir la gracia de Dios es lo que nos permite progresar, es decir, caminar en la voluntad de Dios hacia la meta, no en nuestra capacidad, sino en su gracia, por ella es que avanzamos en Cristo hacia la perfección, lo cual produce gozo o satisfacción, profunda e incomparable (Fil. 1:4-6, 2:16-18, Hch. 20:24).

Llegó la noticia de estas cosas a oídos de la iglesia que estaba en Jerusalén; y enviaron a Bernabé que fuese hasta Antioquía. Este, cuando llegó, y vio la gracia de Dios, se regocijó, y exhortó a todos a que con propósito de corazón permaneciesen fieles al Señor (Hch.11:22-23).

6. GOZARSE EN EL SEÑOR

Esta es una fuente del gozo superlativa, porque es Dios mismo (Fil. 3:1, 4:4). Cuando uno llega a disfrutar de este gozo incomparable, nada más tiene importancia, todo lo demás, incluso lo más difícil, puede superarse, porque Dios todo lo llena.

Aunque la higuera no florezca, ni en las vides haya frutos, aunque falte el producto del olivo, y los labrados no den mantenimiento, y las ovejas sean quitadas de la majada, y no haya vacas en los corrales; con todo, yo me alegraré en Jehová, y me gozaré en el Dios de mi salvación. Jehová el Señor es mi fortaleza, el cual hace mis pies como de ciervas, y en mis alturas me hace andar (Hab. 3:17-19).

Buscar a Dios trae vida y gozo al corazón, es un gozo mutuo, de Dios y nuestro por la comunión (Sal. 69:30-33, 149:1-5). Por sobre todo lo que hacemos, el gozo radica en que somos hijos de Dios y Él es nuestro Padre Celestial y nuestros nombres están por eso en el Libro de la Vida (Lc. 10:20).

Gozarse en Él y alabarle, es un círculo virtuoso al cual no puede ingresar la depresión, porque simplemente no tiene cabida (Is. 61:10-11). Cuando cantamos a Dios y le alabamos, la guitarra, el teclado y cada instrumento se convierte en un arma contra la depresión, son instrumentos de fortaleza (2° Cr. 30:21). María se alegró en Dios, su Salvador y su alma lo engrandeció (Lc. 1:46-47), así es como superamos cualquier cosa difícil, por eso el apóstol pone juntos al gozo, la oración y las acciones de gracias, porque eso nos mantiene en victoria, llenos de Dios.

Estad siempre gozosos. Orad sin cesar. Dad gracias en todo, porque esta es la voluntad de Dios para con vosotros en Cristo Jesús (1ª Ts. 5:16-18).

7. GOZARSE EN LOS RESULTADOS

Aprendimos en los puntos anteriores a gozarnos por sobre las circunstancias, cuando el presente es difícil, sabiendo que no será más que por un poco de tiempo; gozarse al mirar hacia el futuro y aguantar, porque lo que viene vale la pena. Pues ahora bien, Dios también quiere que nos gocemos al disfrutar al presente de los resultados de nuestra anticipación, lo cual se da en cuatro aspectos:

a) Gozarse por lo que Dios hace.- Dios sigue obrando mediante los creyentes sus maravillas, es para eso que nos dejó su Nombre en prenda, para representarlo y darle continuidad a su voluntad creativa (Mr. 16:16-18).Sembrar y segar son dos actividades diferentes. Sembrar se hace con esperanza y el gozo requiere de expectación por el fruto. Segar es ver los resultados, el fruto maduro y en ello hay mucho gozo (Jn. 4:36, Joel 2:21-24, Sal 126:6).

Los que sembraron con lágrimas, con regocijo segarán. Irá andando y llorando el que lleva la preciosa semilla; mas volverá a venir con regocijo, trayendo sus gavillas (Sal. 126:5-6).

La semilla es la Palabra de Dios, el campo son los corazones de los perdidos, su Salvación es la cosecha, así que, cuando hablamos de la Salvación y personas vienen a

Cristo, con ello viene un gozo inefable que no se compara con nada de este mundo (Mt. 13:19, 23, 1 P. 1:23).

Salvar, sanar, liberar, hacer milagros y maravillas, va junto, es parte de la obra que Dios nos encomendó (Mt. 10:7-8, Lc. 10:8-11, He. 2:4, Mr. 16:20). Así que cuando el evangelio es predicado, el gozo es una parte inseparable (Hch. 8:5-8). El gozo es la cubeta con la que se saca agua de la fuente de Salvación, cuando se predica a Cristo y se realizan sus obras portentosas (Is. 12:3-6, Is. 35:1-10).

> *Sacaréis con gozo aguas de las fuentes de la salvación y diréis en aquel día: Cantad a Jehová, aclamad su nombre, haced célebres en los pueblos sus obras, recordad que su nombre es engrandecido. Cantad salmos a Jehová, porque ha hecho cosas magníficas; sea sabido esto por toda la tierra* (Is. 12:3-5).

6) Gozarse por lo que Dios tiene.- Todo lo que Dios tiene, lo quiere compartir con nosotros y está declarado en su Palabra mediante sus principios y promesas, a las que tenemos acceso mediante la fe (2 Co. 1:20, 1 Co. 3:21-23).

Cuando has esperado en fe el cumplimiento de una promesa de Dios, te gozas en esperanza (Ro. 15:13), pero ahora se trata del gozo del cumplimiento, cuando disfrutas de tu herencia y ves la provisión de Dios en una promesa cumplida (Jn. 15:11, 16:24). Un testimonio, es contar las cosas tal y como sucedieron. Los testimonios de Dios son el cumplimiento de su Palabra en nuestras vidas (Sal. 119:23-24, 92, 111, 162).

> *Me he gozado en el camino de tus testimonios más que de toda riqueza. En tus mandamientos meditaré; consideraré tus caminos. Me regocijaré en tus estatutos; no me olvidaré de tus palabras* (Sal 119:14-16).

La Palabra de Dios es la verdad, caminar en la verdad es creerla y vivirla, ver su poder y eficacia en nuestras vidas. Eso es una fuente de gozo cumplido.

> *Pues mucho me regocijé cuando vinieron los hermanos y dieron testimonio de tu verdad, de cómo andas en la verdad. No tengo yo mayor gozo que éste, el oír que mis hijos andan en la verdad* (3ª Jn. 3-4).

c) Gozarse por lo que Dios es en uno.- Cristo vive en ti, pero Él quiere manifestarse cada vez más en tu vida, hablar con tu boca y tocar con tus manos. Pablo dijo con toda propiedad que ya no vivía él, sino que Cristo vivía en él, viviendo en su fe (Gá. 2:20), pero eso no todos lo podemos asegurar, a menos que hayamos crucificado nuestro "Yo" y vivamos sólo para Él.

> *Porque ninguno de nosotros vive para sí, y ninguno muere para sí. Pues si vivimos, para el Señor vivimos; y si morimos, para el Señor morimos. Así pues, sea que vivamos, o que muramos, del Señor somos. Porque Cristo para esto murió y resucitó, y volvió a vivir, para ser Señor así de los muertos como de los que viven* (Ro. 14:7-9).

El gozo cumplido en esta parte es verlo aparecer en nuestro carácter, mediante el fruto del Espíritu (Gá. 5:22). Filipos y otras iglesias de Macedonia, eran muy pobres en lo material, pero abundaban en gozo y en bondad, así que fueron canales de Dios para suplir cosas materiales a los hermanos de Judea que estaban siendo perseguidos (2 Co. 8:1-5).

Cuando Dios quiere abrazar a uno de sus hijos, usará tus brazos, cuando quiere suplir una necesidad, usará tu dinero, porque el creyente está diseñado, como parte del cuerpo de Cristo, para ser su medio de manifestación. El reino de Dios no consiste en tener cosas materiales, sino justicia, paz y gozo, por el Espíritu Santo (Ro. 14:17-18).

Nunca olvides que el ministerio no es la habilidad humana puesta al servicio de Dios, sino la gracia de Cristo fluyendo mediante un hombre rendido a Él (1 Co. 15:10, 2 Co. 3:4-6, 6:10, 12:8-10).

d) Gozarse por lo que Dios es con uno.- La presencia de Dios debe manifestarse a donde vayamos, pero no siempre es así.

Los apóstoles estaban muy tristes cuando Él murió, pero al verle se gozaron con un gozo inagotable (Jn. 16:22, 20:20). Aunque ahora no le vemos, Él prometió estar con nosotros y así es, y su presencia es motivo de nuestro gozo ((Mt. 28:20, Hch. 2:28, Sal. 16:11, 21:6).

A quien amáis sin haberle visto, en quien creyendo, aunque ahora no lo veáis, os alegráis con gozo inefable y glorioso (1ª P. 1:8).

Andamos por fe, no por vista y debemos siempre estar conscientes de ello (2ª Co. 5:7). Así caminaron los apóstoles, delante de Dios, en su presencia (Hch. 4:19, 23:1, Ro. 14:22, 2ª Co. 2:17, 4:2, 7:12, 12:19). Así debemos conducirnos siempre y gozarnos por su presencia, y ese gozo será el distintivo de que Él está con nosotros dondequiera que vayamos.

Finalmente, sabemos que un día muy pronto, cuando Él venga físicamente, el gozo de su presencia será pleno y nunca jamás nadie ni nada podrá empañarlo. ¡Aleluya! ¡Amén! (Ro. 12:12, Ap. 19:7, Is. 65:18-19, 66:10-14).

Y a aquel que es poderoso para guardaros sin caída, y presentaros sin mancha delante de su gloria con gran alegría, al único y sabio Dios, nuestro Salvador, sea gloria y majestad, imperio y potencia, ahora y por todos los siglos. Amén (Jd. 24-25).

El gozo será una de las coronas que reposará sobre nuestra cabeza en aquel día (Is. 35:10, 51:11), por lo tanto, en preparación para cuando esas palabras se cumplan y ese gozo celestial nos corone, es la voluntad de Dios que ahora nos gocemos anticipadamente, para traer el cielo a la tierra y llevarlo con nosotros a todas partes. Regocíjate siempre, porque esa es la voluntad de Dios ahora.

Dios te bendiga abundantemente. Sé victorioso y muy feliz.

SEGUNDA PARTE

EL BARRO Y EL ALFARERO

INTRODUCCIÓN

No es bueno mencionar que pasé por momentos depresivos intensos y no narrarlos, aunque en ello tenga que referirme a sucesos penosos para mí, de los cuales para nada me siento cómodo, pero voy a hacerlo porque pienso que puede ser de edificación y advertencia para todos aquellos que consideran ciertas fallas como ligeras, y no comprenden su seriedad sino hasta que sufren las consecuencias. Me voy a permitir explicar con ello un modelo de Dios con el que Él trabaja para lograr sus propósitos en nuestra vida, así que en esta segunda parte, mostraré las siete relaciones básicas que Dios utiliza para transformarnos de cómo somos, a cómo quiere Dios que lleguemos a ser: semejantes a Cristo. Dios reveló este modelo a nuestro apóstol Roberto Ewing y es una herramienta muy poderosa para trazar las Escrituras bien. A este modelo se ajusta lo estudiado anteriormente y, como vimos, también nos permitirá experimentar el otro lado de la moneda, el de la dicha, al considerar lo que la Biblia enseña acerca del gozo como la manera de mantenerse libres de depresión, en victoria, en la cima a la que Dios nos ha llamado. De antemano pido una disculpa por narrarlo en tercera persona y en forma de novela, usando el mismo nombre que usé en mi primer libro *Testigos de la Verdad*, me siento más cómodo al hacerlo así.

ABATIDO

Los rayos del sol desprendían cegadores destellos de las cabriolas que formaba el viento en el lago de Chapultepec, en la ciudad de México, era una cálida tarde de finales de marzo. Recargado sobre aquel barandal del embarcadero, José lloraba en silencio. Caminó por la orilla del lago con las manos en los bolsillos. Un niño que venía patinando en sentido contrario, se detuvo extrañado al mirarlo, José le sonrió limpiando su rostro con el puño de su chamarra, el niño se alejó rápidamente...

Durante toda la mañana, había vagado en el automóvil por la ciudad; recorrió el circuito de la zona deportiva de la Unidad Profesional de Zacatenco, del Instituto Politécnico Nacional, donde había estudiado su carrera. Se estacionó cerca del Planetario, a la sombra que proyectaban los álamos blancos que abundan en los amplios prados que circundan los edificios. Después de largo rato, como un autómata se enfiló por la avenida de Los 100 Metros, tomó el Circuito Interior hasta llegar a la avenida Reforma, se estacionó frente al museo Rufino Tamayo, descendió del auto y caminó entre los árboles. El gárrulo de una pareja de pajaritos, que jugueteaban cerca de una toma de agua en la que se había formado un charco, lo distrajo por un momento; se veían tan felices aquellas aves, brincaban, aleteaban, se metían al agua y se salpicaban, sin percatarse de la presencia de José. Continuó caminando hasta llegar a un farol del costado poniente del museo, se sentó en su base de concreto, estuvo un rato recordando, luego se levantó y caminó sin rumbo y sin darse cuenta cómo, se encontró a la orilla del lago.

Dos lanchas con muchachos y muchachas de secundaria, seguramente de los que acostumbran faltar a clases, se salpicaban con los remos, sus risas y gritos denotaban que la estaban pasando muy bien; las pequeñas olas que se rompían contra las llantas de protección de la orilla parecían contentas... Un vendedor de "algodones" de azúcar ofrecía a gritos sus sueños rosados y azules. Otro señor vendía frascos de vivos colores con jabón y glicerina para hacer pompas de ilusiones, dejaba volar un millar de ellas, en pocos instantes se hacían rocío, que a los rayos del sol formaban fugaces arco iris. Un pequeño lloraba para convencer a su mamá que le comprara uno. El triciclo de los raspados atendía a tres chiquillas que, con gran antojo, esperaban impacientes su turno, sus ojos delataban su vivo deseo de disfrutar el hielo raspado impregnado de jarabes de diferentes sabores. El señor de los globos y rehiletes hacía que su sonoro silbato atrajera a los niños más pequeños, que arremolinados a su alrededor, gritaban señalando el que querían. Las parejas de enamorados se alejaban por las veredas buscando la acompañada soledad de sus ensueños... toda aquella alegría lo lastimaba.

Las lágrimas escurrían por sus mejillas sin que se preocupara por limpiarlas; al cruzar la avenida Reforma descaminando sus pasos, las bocinas de los autos le hicieron reaccionar de su abstracción, unos gritos soeces le insultaron mientras brincaba al camellón. Llegó a su carro, tomó el Circuito Interior rumbo al monumento a La Raza. No había desayunado ni comido, sólo llorado.

Recordó algo que el rey David describió en un salmo: *"Fueron mis lágrimas mi pan de día y de noche..."*

—David pasó por momentos de depresión como los que estoy viviendo —pensó en voz alta.

Salió del Circuito Interior, tomó la avenida Oceanía hacia el oriente y poco después, se internó en el bosque de Aragón. Las lágrimas volvieron a salir abundantemente, se estacionó a la sombra de unos enormes y añosos eucaliptos, que mecían su follaje al viento vespertino.

¡Haberme pasado esto a mí! —pensó una vez más—, al pastor de la iglesia más hermosa del país... y del mundo; chica sí, pero llena de amor. Siete años de trabajo, de lucha, de alegrías, de dolor y de tristezas, pero de logros: ¡Cuántos milagros!... los jóvenes, preciosas promesas que como a hijos traté de ayudar, varios de ellos con llamamiento a algún ministerio. Cuántas cosas pasamos juntos, pero ahora...

Las lágrimas escurrían incontenibles mientras recordaba todas las actividades en que se había involucrado, además de pastorear la iglesia de Pachuca, ayudaba a otros pastores, estaba levantando un nuevo grupo al poniente de la Ciudad de México, daba clases de doctrina en su iglesia local, donde también era anciano, y pasaba mucho tiempo dando consejo y orando por la gente que lo requería. Tenía prestigio, cariño, invitaciones a ministrar... pero también mucho orgullo espiritual.

Poco antes, en su trabajo "secular" todo marchaba sobre ruedas, había ido escalando puestos con mayor responsabilidad hasta llegar a ser el Subdirector de Ingeniería y tener bajo su supervisión a seis Gerencias con 43 personas, algo extraordinario para una empresa privada; pero recientemente su nuevo jefe, el vicepresidente, le había dicho que no estaba a gusto con él; así que iba a realizar algunos movimientos y... ¡vaya!... de pronto, todo se había tornado negro por todos lados: En el trabajo, en la iglesia y en su casa...

Recordó que su esposa le reclamaba su abandono y sus hijos demandaban tiempo para ellos, mas su orgullo lo había cegado y consideraba que su familia no compartía su vocación, así que, si no caminaban a su ritmo, él estaba dispuesto a seguir solo, pensando que de esa manera estaba sufriendo por su Señor. El eje de su vida era su ministerio; en cuanto alguien pedía su atención dejaba todo por atenderlo. Se volvió muy seco y cortante con Ester y sus hijos, los regañaba por insignificancias, mientras con todos los demás era muy amable y paciente. A los reclamos de su esposa, le reprochaba que ella fuera muy "egoísta" y "celosa".

En diferentes ocasiones, cuando regresaban de Pachuca a la Ciudad de México, por el cansancio, estuvo a punto de chocar: En otras dos ocasiones, casi atropella a unas personas porque se iba durmiendo al volante; en una de ellas, de no ser por el oportuno grito de su esposa que lo hizo reaccionar, hubiera aplastado por la mitad a un hombre que reparaba su coche en el acotamiento. De la escuela de sus hijos había reportes de que se dormían en clases, sobre todo los lunes; dos de ellos llevaban bajas notas, el mayor de ellos reprobó un año y al siguiente, el menor pasó por lo mismo. Mas José permanecía inflexible, no se daba cuenta que sus prioridades estaban mal y hasta se consideraba víctima, en vez de reconocer el daño que estaba haciéndole a los que más amaba.

Varias veces su pastor le había exhortado haciéndole ver que Dios debía tener el primado de su corazón (Col. 1:18), su familia, y en especial su esposa, debían tener el segundo lugar y que el ministerio debía tener el tercer orden de importancia (1ª Ti. 3:4-5, 5:8). Al parecer, José consideraba que su ministerio y Dios eran la misma cosa, y por tanto, en vez de ser Dios el eje de sus acciones, era su pretendido servicio a Dios. Varias ocasiones, su pastor Arturo le aconsejó poner un límite a la hora de regreso a México, recortar algunas actividades para pasar más tiempo con sus hijos, sobre todo con los adolescentes, que estaban en la etapa en que buscan su propia identidad, pero, en cuanto se involucraba con la gente, todo se le olvidaba.

Reclinó el asiento de su auto hasta quedar casi acostado, los rayos del sol que se filtraban entre el móvil follaje, parecían tejer telarañas de luz que se le enredaban en la mente, atrapando sus pensamientos; al menos así lo sentía él. Al girar su cabeza vio su Biblia, siempre la llevaba consigo, era su inseparable compañera, mas por días no había tenido ánimo para abrirla; su alma atribulada rehusaba consuelo (Sal. 77:1-3). Sin proponérselo extendió su mano y la tomó, cuando corrió el cierre, cayeron unas notas de las muchas que guardaba, al recogerlas leyó el encabezado: *"LAS SIETE RELACIONES DEL BARRO Y EL ALFARERO".*

—Así me siento —pensó, recordando parte del proceso—. ¡Como chicloso barro que está siendo cortado por el delgado alambre del Alfarero!

Una ráfaga de viento agitó fuertemente las ramas de los árboles, provocando un sonido como de aplausos, seguramente uniéndose al alboroto de cientos de pajarillos, que por parvadas regresaban a sus nidos después de la lucha diaria.

—Ni uno de estos insignificantes pajaritos cae a tierra —recordó José—, si no es por la voluntad de Dios. Yo valgo más que muchos de ellos (Mt. 6:26). ¡Señor háblame! —musitó—, aunque esté sordo a tu voz por causa de esta tristeza. ¡Háblame por favor!

Una lágrima cayó sobre sus notas haciendo que la tinta se corriera, quiso limpiarla con el puño de su camisa pero empeoró la cosa, sacudió las hojas y una se desprendió y cayó al piso, extendió su mano para levantarla y al reverso vio unos versos escritos a lápiz, no recordaba cuándo los había escrito, los leyó:

SOMOS ODRES

Somos légamo en sus manos,
del lamedal levantados;
búcaros vasos, lozanos,
por sus dedos conformados
de misericordia y barro;
odres con gloria llenados:
ya vasija, alcuza o jarro.

En su tabanque el Maestro
forma da a preciosos vasos,
es un alfarero diestro;
si se quiebra uno en pedazos,
Él, como fiel artesano,
volverá sobre sus pasos
hasta esturgar vaso humano.

***

—¡Soy un vaso quebrado, hecho añicos, que está disperso por el piso!—exclamó en voz alta.

Después de un rato, enderezó el asiento, encendió el motor del auto y prendió los cuartos, el cielo tenía un color violeta oscuro hacia el oriente, con tonos rosados en lo alto. Al tomar por la Avenida 510, los destellos naranja y oro que venían del poniente hirieron sus hinchados ojos por el retrovisor, momentos después todo se oscureció, los coches a su alrededor empezaron a prender sus fanales.

Al llegar a su casa, el sonido de los frenos anunció a uno de sus hijos que papá había llegado y salió a recibirlo:

—¡Hola pá! —le gritó mientras abría la puerta de la casa y después lo acribilló a preguntas— ¿No tienes hambre? ¿Dónde has estado? ¿Te pasó algo malo? Llamé a tu oficina y tu "secre" me dijo que no habías ido a trabajar. ¡Estábamos muy preocupados por ti! ¿Dónde estuviste todo el día?

Siempre era así, Josías, el tercero de sus hijos, lo amaba mucho, y estaba al pendiente de todo, se acomedía a bajar las cosas, se esperaba hasta que acomodaba el carro, lo acompañaba a donde fuera cuando era posible.

—¡Hola Josy! —le dijo mientras le devolvía el beso y entraban a la casa— ¿Todos están bien?

—Sí papi, gracias a Dios —le respondió—, ya terminé mi tarea, mis hermanos aún están haciéndola en el estudio.

—Muy bien, hijo —le dijo, mientras con su mano lo despeinaba—, avisa a tu mamá que llegué, quisiera estar solo. ¡Te quiero mucho!

José saludó a los pequeños, les suplicó que salieran del estudio y se encerró en él, sentía que se asfixiaba, su tonto orgullo había lastimado a su iglesia, a sus ministros, a su familia y, sobre todo, había ofendido a su Dios...

LA CONSOLACIÓN DE LAS ESCRITURAS

Estuvo largo rato con la mirada fija, pensando en todo lo que había vivido las últimas semanas; por fin tomó su Biblia, sacó sus manchadas notas sobre el Alfarero y el barro y empezó a escribirlas de nuevo. Sabía que esto le obligaría a concentrarse en el estudio y sustraerse de sus aflicciones; escribir lo ayudaba a meditar y a memorizar. Recordó cómo le había bendecido escribir de su puño y letra el libro de Los Proverbios y después todo el Nuevo Testamento.

Escribió el título y continuó: Las diferentes etapas a las que Dios somete a todo creyente para transformarlo a la semejanza de su Hijo, siete relaciones básicas que la Biblia enseña que tiene que pasar todo creyente, las vemos en la vida de los hombres de Dios, tales como: Abraham, José, Moisés, David, Daniel, Elías, Pedro, Pablo, etc., es por eso que la Biblia nos exhorta a considerar que:

Las cosas que antes fueron escritas, para nosotros fueron escritas, para que por la paciencia y la consolación de las Escrituras tengamos esperanza (Ro. 15:4).

Una de las maneras de introducirnos en el estudio de las siete relaciones básicas, es considerar el proceso al que un alfarero somete al barro para fabricar una vasija, que la Biblia compara con los tratos que Dios tiene con su pueblo...

—Esto me tiene que ayudar —dijo para sí José—, ¡tengo que entender lo que estoy pasando y el porqué!

Movió su cabeza como aturdido, con las yemas de los dedos se apretó las sienes y cerró los ojos por un momento, después tomó su viejo lapicero y continuó escribiendo:

El hombre fue formado de barro (Gn. 2:7), Dios culminó su creación cuando le dio forma, fue su obra cumbre, desde ese principio se perfila Dios como alfarero y el hombre como la obra de sus manos.

En la Historia Universal se registran los cambios que ha tenido el estilo de vida del ser humano; cuando pudo hacer uso del fuego, cuando fabricó armas y herramientas con cobre y después con hierro, cuando aplicó la rueda a su servicio, cuando su vida nómada se hizo sedentaria al aprender los secretos de la agricultura y de la alfarería, que le permitieron cultivar granos y fabricar vasijas para almacenarlos, así como cocinar sus alimentos.

Con el tiempo, el alfarero se convirtió en un artesano, sus vasijas eran decoradas con especial simbolismo. El grado de avance de las diferentes culturas que poblaron el mundo antiguo se ha conocido, entre otros aspectos, por las piezas de arcilla y cerámica que se han encontrado en las excavaciones arqueológicas.

La Biblia dice que el hombre es como un vaso de barro, el creyente en especial, es un vaso de misericordia diseñado para contener la gloria de Dios (Ro. 9:20-24), formado y decorado con exquisita belleza por los dones del Espíritu Santo, para que todos glorifiquen a Dios por ello.

Dios ilustra su propósito en la Escritura Sagrada: Su pueblo es el barro y Él es el divino Alfarero. Cuatro hombres, en especial, aprendieron cómo se da esta relación entre Dios y su pueblo, para transformarlo de polvo en vasos de misericordia; para ello los llevó a casa de un alfarero, ellos son: Job, Isaías, Jeremías y Pablo.

Cuando Job pasó por los primeros momentos de aflicción, tribulación que fue sumamente larga y difícil, adoró a Dios y no le atribuyó despropósito alguno (Job 1:21-22), sin embargo, cuando el cáncer de piel lo consumía y para tener algo de consuelo se tallaba con un pedazo de vasija de barro hasta sangrarse, la amargura hizo presa de su alma y le reclamó a Dios:

No me condenes; hazme entender por qué pleiteas conmigo, ¿parécete bien que oprimas, que deseches la obra de tus manos? (Job 10:2-3).

Job entendía que el creyente es obra de las manos de Dios, así que continuó su reclamo:

Tus manos me formaron todo en contorno: ¿Y así me deshaces? Acuérdate ahora que como a lodo me diste forma: ¿y en polvo me has de tornar? (Job 10:8-9).

Presentó sus argumentos delante de Dios como hablaría una vasija con su alfarero. Job prosiguió:

Vida y misericordia me diste y tu visitación guardó mi espíritu. Y estas cosas tienes guardadas en tu corazón; yo sé que esto está cerca de ti.

En su misma queja llegó a la conclusión que Dios no pensaba destruirlo, sino transformar su alma. En su corazón guardaba un modelo de cómo quería que él fuera, hecho a la semejanza de su Redentor, así que con más paz pudo decir:

Aficionado a la obra de tus manos, llamarás y yo te responderé (Job 14:15).

Y con convicción añadió:

Empero si Él se determina una cosa ¿quién lo apartará? Su alma deseó e hizo. El pues acabará lo que ha determinado de mí: Y muchas cosas como éstas hay en Él (Job 23:13-14).

Job consideró todo aquel tiempo de aflicción, como un proceso en el que Dios logró transformar su alma, hasta hacerla corresponder al vaso que Dios tenía en su mente, que pudiera contener y derramar muchas más bendiciones a otros.

El profeta Isaías también presenta a Dios como un alfarero determinado a trabajar el duro barro de su pueblo rebelde, cuando dice:

Vuestra perversidad ciertamente será reputada como el barro del alfarero. ¿Acaso la obra dirá de su hacedor: No me hizo; y dirá la vasija de aquel que la ha formado: No entendió? (Is. 29:16).

Después ve la afición de Dios al tratar con su pueblo, pues asegura que aunque el vaso se quiebre, volverá a reunir los tiestos (fragmentos del vaso roto) y los volverá a trabajar reintegrándolos a la arcilla (Is. 45:9-11). Más adelante asegura que Dios, como buen alfarero, tiene que pisar el barro para hacerlo homogéneo y moldeable (Is. 43:2), y posteriormente contempla el resultado, cuando el pueblo, más dócil, se conforma a la voluntad de Dios:

Ahora pues, Jehová, tú eres nuestro Padre y nosotros barro, y tú el que nos formaste; así que obra de tus manos somos todos nosotros (Is. 64:8).

Así es mejor: Más suaves, humildes y dispuestos a su voluntad.

Al profeta Jeremías, Dios le pidió expresamente que fuera a casa del alfarero, para que viera todo el proceso que se seguía para hacer una vasija, desde que la tierra era mezclada con agua, hasta que la vasija quedaba terminada. El profeta pudo ver, incluso, cómo la vasija se quebraba durante el proceso, y cómo el alfarero volvía a empezarla, hasta lograr la vasija, tal y como le pareció bien hacerla (Jer. 18:1-6). Es muy claro lo que Dios le declaró:

Entonces fue a mí palabra de Jehová, diciendo: ¿No podré hacer de vosotros como este alfarero, oh casa de Israel, dice Jehová? He aquí que como el barro en la mano del alfarero, así sois vosotros en mi mano, oh casa de Israel.

La mejor manera de entender la obra que Dios está realizando con nosotros, es ir, como estos hombres de Dios, a la casa del alfarero y aprender de cada paso de su labor, cómo es que estamos siendo transformados a la semejanza de Cristo.

Antes de considerar lo que el apóstol Pablo aprendió cuando fue a casa del alfarero, es importante recordar que el precio pagado a Judas por entregar al Señor Jesús, fue destinado para comprar precisamente el campo del Alfarero, tal y como lo mandó el Señor (Mt. 27: 7-10). Así que el precio de nuestra redención, fue el monto invertido en la materia prima que Dios quería para fabricar vasijas. La vida de Cristo fue el precio pagado para obtener el barro que pudiera trabajar el Alfarero divino.

Dios también llevó a San Pablo a casa del alfarero. Después de considerar lo que allí aprendió, escribió:

Mas antes, oh hombre, ¿quién eres tú, para que alterques con Dios? ¿Dirá el vaso de barro al que lo formó: ¿Por qué me has hecho así?¿O no tiene potestad el alfarero sobre el barro, para hacer de la misma masa un vaso para honra y otro para deshonra?¿Y qué, si Dios, queriendo mostrar su ira y hacer notorio su poder, soportó con mucha paciencia los vasos de ira preparados para destrucción, y para hacer notorias las riquezas de su gloria, las mostró para con los vasos de misericordia que él preparó de antemano para gloria, a los cuales también ha llamado, esto es, a nosotros, no sólo de los judíos, sino también de los gentiles? (Ro. 9: 20-24).

Manera muy clara de mostrar cómo su pueblo, cada hijo suyo, es un vaso de misericordia para contener y derramar a otros la misma gloria que Dios deposite en él. Más adelante, el apóstol explica que somos vasos de barro, porque el barro es de poco valor, mas fuimos fabricados para contener la alteza del poder de Dios.

Tenemos empero este tesoro en vasos de barro, para que la alteza del poder sea de Dios, y no de nosotros. (2ª Co. 4:7).

Esto nos habla de humildad, debemos estar conscientes que lo que vale en nosotros es el contenido divino (2ª Co. 4:9-11). Dios ha querido que seamos vasos de honra, útiles en su gran casa que es la Iglesia (2ª Ti. 2: 20-21).

¿Qué vieron estos hombres de Dios en casa del alfarero? Cuatro cosas: En primer lugar al alfarero, quien tipifica a Dios; en segundo lugar, el barro que prefigura al creyente; lo tercero que vieron, fue el tabanque o mesa giratoria del alfarero, cuyo centro representa la perfecta voluntad de Dios y por último, vieron el proceso, cada etapa por la que tiene que pasar la arcilla hasta llegar a ser un vaso. Siete etapas que ilustran las diferentes relaciones a las que el creyente es sometido, para ser transformado a la semejanza de Cristo (2ª Co. 3:18, Ro. 8:29).

Vayamos a casa de un alfarero antiguo, aprendamos también como ellos, cuáles son esas relaciones básicas que Dios está usando con cada uno de nosotros, a fin de que cooperemos con Él, ya que tanto el entendimiento como la disponibilidad, nos harán más fácil el camino hacia la madurez.

I. LAVANDO LA ARCILLA

En primer lugar, el alfarero recoge la tierra y la mezcla con agua, la amasa una y otra vez, lavándola con abundante agua hasta eliminar la mayoría de la tierra que no es arcilla y lograr una masa consistente.

Cuando Cristo nos levanta del polvo, va a trabajar con nosotros de la misma manera. El agua con la que nos lava es su Palabra (Jn. 15:3). Nuestro primer contacto con su Palabra, nos regenera mediante el arrepentimiento y la fe (Tit. 3:5). Y así como el alfarero tiene que reponer agua continuamente durante todo el proceso para mantener su plasticidad, el Señor añadirá el agua de la Palabra en todo tiempo para santificarnos y mantenernos con el corazón tierno a su voluntad (Ef. 5:26, Jn. 17:17).

La Palabra de Dios no sólo nos revela nuestra condición de pecadores, sino también el perdón y el nuevo camino; la Palabra renueva nuestra mente y corazón hasta que lleguemos a tener la mente de Cristo (Ro. 12:1-3).

José recordó cuánto bien le hizo escribir de su puño y letra el Nuevo Testamento, fueron horas de deleite, de meditación, de comunión con Dios a través de su Palabra. Se sorprendía de cómo venían a su memoria pasajes enteros cuando lo requería, porque el Espíritu Santo vivificaba las Palabras que había guardado en su corazón (Mt. 10:19), sentía cómo moraba en abundancia dentro de él y le ayudaba a hablar y a obrar en la voluntad de Dios (Col. 3:16-17).

De acuerdo a la Palabra de Dios, Cristo mismo debió realizar esa tarea durante su niñez y adolescencia (Dt. 17:18-19, Sal. 119:9, 17, 23-25, 28, 32, 42, 48, 92, 97, 105, 107, 116, 133, 154 y 165).

Cuando el alma se impregna de la Palabra de Dios continuamente, está más dispuesta al cambio que Dios quiere hacer en ella.

Así que, hermanos, os ruego por las misericordias de Dios, que presentéis vuestros cuerpos en sacrificio vivo, santo, agradable a Dios, que es vuestro culto racional. No os conforméis a este siglo, sino transformaos por medio de la renovación de vuestro entendimiento, para que comprobéis cuál sea la buena voluntad de Dios, agradable y perfecta. (Ro. 12:1-2).

II. SECADO BRUSCO

Una vez que el alfarero ha lavado la arcilla y ha adquirido cierta consistencia, debe probar su calidad; para ello forma una bola de arcilla y la coloca a la intemperie, para que el sol y el viento la sequen bruscamente. Al secarse primero la superficie, se endurece, formando una costra que guarda el barro interno con humedad, y si el barro es de baja calidad, se formarán muchas grietas por las que escapará la humedad interior, lo que indicará al alfarero que tiene que volver a lavar el barro. Cuando en esta etapa la superficie de la bola de barro tiene pocas grietas, el alfarero sabe que puede pasar a la siguiente.

Nuestra segunda relación básica es con el mundo, que como la intemperie, actuará sobre nuestra alma con agresividad, porque ya no somos del mundo (Jn. 15:18-21). Aún la familia se constituirá en una prueba de la calidad que ha adquirido el creyente durante su primera relación con la Palabra (Lc. 12:51-53). Dios sabe que es necesario que el creyente sea expuesto al mundo (Jn. 17:20). Algunos se van a cuartear porque las presiones, las burlas y el rechazo los van a hacer retroceder; otros van a disimular o a tratar de ocultar que son cristianos, apenados van a comprometer sus convicciones con tal de ser aceptados nuevamente por sus antiguos amigos. Esta falta de consistencia en el barro, no permitiría al alfarero levantar un vaso, así que lo volverá a lavar hasta conseguir que al ser expuesto al mundo no se agriete (2 Ti. 3:12). El creyente debe saber que ya no es del mundo y que debe ser probado en él para ser testimonio a los demás (2 Co. 2:15-16). Si Cristo vino a ser Luz al mundo, sus discípulos también lo deben ser (Jn. 8:12, Mt. 5:13-16, 1 P. 3:14-18, 4:14-16).

José recordó en ese momento aquel fin de año de tribulación que pasó después de que conoció el Orden de Dios, y comprendió que las tradiciones humanas añadidas al culto cristiano invalidan el poder de Dios, porque pretenden ser contribuciones humanas a las maneras establecidas por Dios. Pudo entender que el Señor nos mandó celebrar su muerte, pero no su nacimiento, lo cual se hace mediante la Santa Cena y no la llamada semana santa. Cómo ignorar que Dios está restaurando a la iglesia, rescatándola de esa vida tradicional en la que la Navidad se ha convertido en una fiesta sagrada para la cristiandad, pero que no tiene bases bíblicas. Su familia acostumbraba reunirse para celebrar la Navidad e intercambiar regalos; sus papás, sus seis hermanos solteros y las familias de su hermano mayor y la suya. Era una época de alegría familiar que todos esperaban con anhelo. Su hermano mayor siempre había sido ejemplo de lo que se debe hacer, en cambio él, era el modelo de lo malo: Poco formal, desordenado y desapegado a la familia.

En verdad José admiraba a su hermano mayor y lo amaba entrañablemente por lo que pensó:

—¿Por qué Dios no empezó con mi hermano mayor? Todo sería más fácil si fuera él quien hablara a la familia de lo que Dios quiere, en cambio a mí no me van a hacer mucho caso.

Recordó el consejo que les dio Arturo, su pastor:

—No les eches a perder su festejo —le dijo—, recuerda que ustedes también lo disfrutaban, así que te recomiendo que no lleguen el día 24; compren regalos para todos, pero envuélvanlos con un papel que no sea alusivo a la Navidad, lleguen al día siguiente y cuando les entreguen los regalos, díganles que son una muestra de su cariño, pero que no son por la Navidad, esperemos que eso les permita entender que no los quieren lastimar, y ya dependerá de las preguntas que les hagan, lo que les puedan compartir (1ª P. 3:15).

A pesar de haber actuado con mansedumbre, la reacción fue de molestia, su papá lo conminó a no hablar sobre el tema, con amenaza de correrlo si volvía a hacerlo; su hermano mayor le reclamó enérgicamente:

—¿Acaso se puede lastimar de esa manera en aras del amor? La armonía familiar se está quebrantando por tu culpa, hiciste llorar a los pequeños, estás actuando con fanatismo, si acaso quieres visitarnos, te recibiremos con la condición de que olvides lo que nos has dicho hoy.

No todo fue negativo, pues en manera sorpresiva, su mamá y María, una de sus hermanas, la más indiferente a las actividades de su iglesia, se interesaron, al grado de desvelarse aquella noche para saber más, y terminaron pidiéndole a José que orara por ellas, convencidas de lo que les había mostrado en la Biblia. Hubo dolor por el rechazo, pero también mucho gozo por el fruto obtenido, porque experimentó un poco de lo que registró el apóstol Juan de los labios de nuestro Maestro:

Acordaos de la palabra que yo os he dicho: No es el siervo mayor que su señor. Si á mí me han perseguido, también á vosotros perseguirán: si han guardado mi palabra, también guardarán la vuestra. (Jn. 15:20).

III. CUANDO EL BARRO SE PISA

Cuando el barro endurecido es retirado de la intemperie, y el alfarero lo considera adecuado para trabajar, lo va a estrellar contra el suelo para luego pisarlo, de modo que la presión de los talones por el peso de su cuerpo, puedan integrar la costra exterior de barro seco con la masa húmeda del interior. Poco a poco la masa se hará homogénea, logrando una consistencia más moldeable, que no sería posible si se utilizara solamente la presión de las manos.

Del norte levanté a uno, y vendrá; del nacimiento del sol invocará mi nombre; y pisoteará príncipes como lodo, y como pisa el barro el alfarero. (Is. 46:8).

Este paso es necesario en el proceso, Dios espera que el creyente sea humilde y dócil a su voluntad y para eso, va a permitir la humillación.

El hombre es rebelde por naturaleza, el primer pecado en el Edén fue la desobediencia, que se alimentó del argumento del diablo de que llegarían a ser dioses y podrían independizarse de Dios. Desde entonces, el hombre endureció su cerviz y le es difícil humillarse para obedecer (Gn. 3:4-5).

Cristo, el postrer Adán, fue expuesto a las mismas presiones y tentaciones que el primero, pero nunca cedió en la más mínima parte (1ª Co. 15:45, He. 2:18, 4:15), al contrario, por lo que padeció, aprendió la obediencia (He. 5:8), es decir, obedecer le costó la vida (Fil. 2:8). San Pablo dice que la desobediencia de Adán, trajo muerte a todos y nos heredó una naturaleza rebelde, mas la obediencia de Cristo nos redimió de ello, constituyéndonos justos al creer en Él (Ro. 5:19). El hombre natural es hijo de desobediencia, mas el renacido ha entrado al proceso de restauración de la obediencia. Dios nos redimió para hacernos obedientes (1ª P. 1:3). El diablo teme más a los obedientes que a los hábiles. Obedecer es mejor que los sacrificios (1° S. 15:22).

La obediencia es tan importante porque es la manera de tener protección y respaldo, lo que significa ejercer autoridad. La tercera relación básica, es la relación correcta con la autoridad. El apóstol Pablo utiliza una expresión que explica cómo se logra la obediencia: "Temor y temblor". Cuando tenemos estas características, nos será fácil obedecer. Temor y temblor, es el corazón de la obediencia, es la sumisión interna; por eso escribió:

*Como siempre habéis **obedecido**, ocupaos de vuestra salvación con **temor y temblor**; porque Dios **produce** el **querer** como el **hacer** por su buena voluntad* (Fil. 2:12-13).

En este pasaje, relaciona la obediencia con el temor y temblor, explicando que Dios la produce, no que seamos obedientes por nosotros mismos. ¿Cómo lo logra? ¿Cómo consigue Dios que deseemos y hagamos su voluntad? De la misma manera en que el alfarero logra la plasticidad del barro: pisándolo, es decir, humillándonos.

La obediencia y el temor y temblor van de la mano en los siguientes pasajes: 2ª Co. 2:2-5, 7:15, He. 12:23, 1ª P. 2:18, Sal. 2:11; esta última cita dice:

Servid a Jehová con temor, y alegraos con temblor.

Así que temor no significa siempre miedo, porque el miedo es una emoción del alma que aleja de Dios (Gn. 3:10), en cambio el temor es un sentido espiritual que nos acerca a Dios (Ex. 20:20, Sal. 130:4).

El temblor nos habla de una expresión de alegría santa, que brota de un corazón sumiso, que muestra acatamiento de la voluntad de Dios (Sal. 100:1-2).

Este temor reverente y alegre, es lo que nos va a permitir servir a Dios con eficacia (He. 12:28-29). Cuando somos obedientes gustosos, tenemos autoridad, porque Dios respalda su voluntad. Cristo fue obediente hasta la muerte, por eso es que ahora está en su trono como Señor, por su obediencia su Nombre es sobre todo nombre y ante Él se dobla toda rodilla en los cielos, en la tierra y debajo de la tierra (Fil. 2:5-13). Cristo sirvió a su Padre con reverencial miedo (temor de Dios) y por eso tuvo su continuo respaldo (He. 5:7-9). Dios pisó a su propio Hijo por medio del Sanedrín y la bota del imperio romano (Hch. 2:23, 4:27-28). Cuando se sometió se ensañaron con Él, sin embargo, oró por ellos. Parecía abandonado y a sus expensas, como si nada pudiera hacer por zafarse, mas en el cielo había doce legiones de ángeles listas para defenderlo si tan sólo lo pedía, sin embargo, Él dijo que nadie le quitaba la vida, sino que Él la ofrecía en obediencia a su Padre Celestial, porque tenía esa facultad (Jn. 10:17-18).

Su obediencia determinó la victoria definitiva sobre Satanás y su imperio de terror (He. 2:14-15). Cuando sintamos la humillación, en vez de mirar a la gente como enemiga, debemos mirar a Dios venciendo al diablo a través de nuestra obediencia humilde, recordando que son los pies traspasados de Cristo, los que nos están pisando y que al hacerlo, parte de su Sangre se mezcla con nuestra arcilla, impartiéndonos más de su divina naturaleza.

Todos los hombres sin excepción, tenemos un grado de autoridad sobre otros, pero también todos tenemos a quién obedecer. La obediencia nos hará crecer en autoridad. El que obedece transfiere la responsabilidad a quien se somete y, por lo tanto, está más seguro. La obediencia reconoce que la autoridad protege (Mt. 8:5-13). La verdadera autoridad provee y guía, la verdadera obediencia promueve la paz (1ª P. 3:6). El corazón sumiso tiene una relación correcta con la autoridad y por lo tanto se sabe seguro. Dios delega autoridad sobre el obediente (1ª P. 2:13-20).

La obediencia es muy fácil de comprender, pero imposible de cumplir. La humildad y la obediencia son virtudes conocidas y anheladas, mas no alcanzadas por el hombre natural (Ro. 7:10-21), quien diga lo contrario, miente, porque nadie puede obedecer íntegramente, ni aunque se esmere por hacerlo (Ro. 8:7-8).

El hombre renacido, en cambio, ha recibido la naturaleza obediente de Cristo en su espíritu, aunque conserva la naturaleza rebelde de Adán en su carne; es por eso que el creyente tiene un conflicto interno que antes no tenía (Gá. 5:16), Dios entonces tiene que pisarnos para vencer nuestra carne y lograr que nuestra alma aprenda a caminar en obediencia por el espíritu (Ro. 8:13), y esto lo hace fielmente, en amor y para nuestro provecho (Sal. 119:67, 71, 75).

Cierta vez —recordó José—, un niño fue reprendido por su mamá y le mandó que se sentara en una silla castigado, mas el niño hizo caso omiso de la orden y siguió haciendo lo que no debía; cuando su papá, que llegaba sorpresivamente, se percató, lo levantó en vilo de la camisa, lo sentó en una silla y le dijo:

—Si te levantas, te daré con la vara.

El niño obedeció, pero cuando su papá se alejó, dijo a su mamá en voz baja y haciendo una mueca de coraje:

—Por fuera estoy sentado, pero por dentro sigo corriendo.

La naturaleza adámica es así, por eso Dios estableció la ley, para hacer evidente que no podemos obedecer por nosotros mismos, y también por la misma razón nos humilla, para poder impartirnos de su abundante gracia, y lograr la obediencia que nos haga realmente libres del pecado (Ro. 7:6-12, Tit. 2:11-12).

Meditando en todo esto, José escribió los siguientes versos:

HUMILDAD

La humildad es casi nada
pues al polvo se compara,
mas en trono está sentada
y es poder que no acapara.

Al prestar algún servicio
pasa siempre inadvertida,
nunca ve su beneficio
y al servir es bendecida.

Nunca ofrece resistencia
cuando ha sido corregida,
fiel procede, con prudencia,
y es en todo acomedida.

Su interés sólo es ser útil
y no el ser reconocida,
considera vana y fútil
la soberbia de esta vida.

Nunca ostenta, no se nota,
ante el sol es flor marchita,
mas al alma siempre dota
del poder que necesita.

Cuánto menos es notoria
más perfecta es su belleza,
más fulgor muestra su gloria
y es mayor su fortaleza.

De la gracia es el aroma,
su fragancia es exquisita;
es salud a quien la toma,
perdición al que la evita.

La humildad pierde belleza
cuando mucho se le admira,
y su gloria y su riqueza
si la alabas y suspira.

Agua limpia es al sediento,
vida entrega al que la toma;
es anónima cual viento,
mas su aspecto es de paloma.

La humildad es cristalina,
transparente, no se nota,
mas cual luz, todo ilumina,
y su paz jamás se agota.

Siendo célico su origen
al soberbio lo abandona,
mas a aquellos que la eligen
les dará trono y corona.

**

IV. EL ALAMBRE DEL ALFARERO

¡Cómo ha cambiado la arcilla! —siguió escribiendo José—, ahora es muy flexible, sin embargo, antes de formar la vasija, el alfarero debe someterla a una cuarta etapa, que consiste en detectar y eliminar, tanto las piedras y áreas duras, como las burbujas de aire que atrapó el barro durante el amasado; de no hacerlo, estas dos impurezas serían la causa de graves defectos en el vaso, que propiciarían su ruptura.

El alfarero coloca la masa sobre el tabanque y tensa entre sus manos un delgado alambre, en cuyos extremos se encuentra amarrado a dos pedazos de madera redondos, que se acoplan perfectamente a sus manos; con el cual empieza a cortar la masa de arriba a abajo, una y otra vez y en ambas direcciones, hasta formar una cuadrícula; su experiencia le permitirá detectar las pequeñas piedras y terrones dentro del barro y las irá eliminando, mientras que el aire escapará al corte del alambre. Después, el alfarero juntará todos los fragmentos de arcilla, los volverá a integrar y según la calidad del barro, repetirá la operación del alambre, hasta estar seguro de que la masa está limpia de estas impurezas. Materialmente muele, pulveriza la arcilla, y asegura así que la vasija que forme no se rompa en el proceso.

Hay dos principales tipos de arcilla: La figulina, que es la más común, con una variedad de tonos, que va desde colores amarillos, pasando por verdes, hasta colores rojizos, que dependen de su origen; y la arcilla blanca o caolín, rica en alúmina u óxido de aluminio, de la cual se obtienen las piezas llamadas de porcelana. Algunas arcillas desprenden un agradable aroma durante su proceso, principalmente cuando el alambre las pulveriza y se vuelven a mojar para integrarlas, estas arcillas se denominan búcaras.

La cuarta relación básica que todo creyente tiene, es con los Tratos Personales o específicos de Dios con él, es decir, el divino alfarero va a trabajar con cada uno en forma diferente, según la calidad del barro de su alma y el diseño específico del vaso que se propuso hacer con él.

Las burbujas de aire ilustran el orgullo escondido en las áreas no rendidas del corazón, son burbujas del "Yo" que espera ser reconocido por los demás. De no removerse, al ser levantadas las delgadas paredes del vaso, dejarían en ellas espacios vacíos que se romperían con suma facilidad. Toda motivación personal debe ser eliminada, de lo contrario, tratará de usurpar la gloria que sólo a Dios pertenece.

Las piedras y demás áreas duras, prefiguran la incredulidad y el escepticismo, que impiden al creyente moverse en la gracia de Dios, de no removerse de su corazón, estas impurezas lo inducirán al esfuerzo propio y a una vida religiosa y se resistirá a los cambios que Dios quiere hacer en su alma para formar un vaso útil a su servicio.

El creyente sabe que la Palabra de Dios es más cortante que toda espada de dos filos, Dios la usa para partir al hombre, separando su espíritu, de su alma y de su carne (He. 4:12). También redarguye, corrige, instituye en justicia, nos prepara para ser perfeccionados y hechos aptos para toda buena obra (2ª Ti. 3:16-17). Cuando la Palabra nos examina y detecta vanidad, la removerá mediante la aflicción y dolor que vienen de Dios, haciéndonos más flexibles a sus excelentes propósitos (2ª Co. 7:9-11).

Somos diferentes unos de otros, por eso requerimos diferentes tratos personales, con ellos Dios logrará que su buena voluntad, agradable y perfecta, se cumpla en cada creyente (Stg. 1:2-3). Duele, pero es muy saludable y nos asegura la participación en el servicio de la gran casa de Dios, como vasos de honra (2ª Ti. 2:20-21).

Algo que el alfarero disfruta mucho mientras labra un vaso, es el aroma del barro búcaro; así Dios se agrada de aquellos creyentes, que cuando están en tribulaciones, desprenden el perfume de la adoración, de la alabanza y de la acción de gracias, que es el aroma del amor que se levanta para gloria de Dios (Ef. 5:2).

Algunas mujeres pueden pensar que Dios las discriminó, mas no es así, lo que pasa es que les ha concedido el honor de ser vasos de porcelana, vasos más frágiles, pero llenos también de gracia, misericordia y bendición que sólo viene de Dios (1ª P. 3:7).

—¡Vanidad! ¡Orgullo! —pensó José—. ¡Qué sutilezas! Por ello San Pablo fue abofeteado, para que no se enalteciera el "Yo" en sobremanera (2ª Co. 12:7-10). Dios lo llevó al punto de dudar si conservaría la vida, con el propósito de que no confiara en sí mismo, sino en el que es capaz de resucitar a los muertos.

Pero tuvimos en nosotros mismos sentencia de muerte, para que no confiásemos en nosotros mismos, sino en Dios que resucita a los muertos (2ª Co. 1:9).

Sí —recordó José—, a todo el mundo quería presumirle que tenía una buena iglesia y que yo era un buen pastor. ¡Cómo me halagaba que la gente me dijera cuán bendecida había sido en la reunión! Cuando se expresaban bien de los muchachos de la iglesia que ministraba que yo estaba entrenando, yo parecía un pavo real, luciendo sus primorosas plumas sin considerar que sus patas son horribles.

Al recordarlo se imaginó a sí mismo con un elegante smoking y con tenis, su rostro hizo una mueca de amargura mientras pensaba en voz alta:

—El orgullo me hizo olvidar los principios que Dios ha establecido y llegué a pensar que por tratarse de mí, Dios iba a hacer una excepción a su Palabra.

El orgullo pospone soluciones a problemas que él mismo llama menores —continuó anotando—, porque piensa que lo más importante es la aceptación de los demás. El orgullo hace tan frágil al vaso, que cualquier cosa lo rompería, es mejor que sea en las manos del Alfarero. El orgullo se adelanta al tiempo de Dios, porque quiere disfrutar del éxito y termina moviéndose independiente de Él. El presuroso e impaciente, recorrerá varias veces el duro camino de la aflicción.

Cuando el Señor llamó bienaventurado a Pedro por la revelación que había recibido, una burbuja de orgullo lo impulsó a tratar de corregir al mismo Señor. Cristo le iba a mostrar que el orgullo es obra del diablo, porque logra que pongamos la vista en nuestro bienestar y no en los propósitos de Dios (Mt. 16:17-23): Cristo le predijo que tenía que ser zarandeado como el trigo, para arrepentirse y entonces poder ser moldeado a su voluntad (Lc. 22:31-32). Pedro no sería verdaderamente útil, a menos que cediera el primado de su corazón al Señor. No lo negó por miedo, sino por el enojo que sintió al ser rechazada su ayuda cuando sacó su espada y cortó la oreja de Malco, se sintió avergonzado cuando el Señor la recogió y se la pegó, sintió que había hecho el ridículo más grande de su vida ante quienes quería aparecer como líder, sintió que su prestigio había quedado por los suelos. Después de su triple negación y del canto del gallo, la mirada de Cristo fue muy elocuente, Pedro pudo ver su terrible falla y humillado lloró amargamente, su orgullo estaba siendo cortado por el alambre del amoroso Alfarero.

Judas, en situación similar, cuando buscó su provecho a expensas del Señor y las cosas no le resultaron, en vez de humillarse para pedir perdón, aunque lloró arrepentido, prefirió castigarse él mismo y por eso se ahorcó; su terrible orgullo le impidió ser flexible ante su Señor, prefirió la muerte a pasar por la humillación de reconocer su codicia y traición. No podía ser flexible porque era hijo de perdición por el cual Cristo no oró, era un vaso de ira. En cambio, el Señor sí rogó porqué la fe de Pedro no faltara, porque era un vaso de misericordia.

—En verdad que he comprobado lo amargas que son las lágrimas de la humillación —consideró José.

En ese preciso momento, un gallo cantó a la distancia, lo que provocó que volviera a llorar abundantemente, eran las 4:30 de la madrugada. ¿Era coincidencia? ¿No era acaso que Dios le estaba mostrando también a él cual era el propósito de su humillación? El alambre lo estaba cortando porque era necesario, el orgullo tenía que ser eliminado para que el vaso de su alma no se rompiera.

—¡Oh Señor! —oró José, mientras lloraba—, mi mente lo entiende, pero mi corazón no reacciona, no tengo ánimo para continuar, por favor dale a otro la encomienda, no quiero servirte más, acepta mi renuncia...

En su memoria estaban frescas las palabras de su pastor la última vez que hablaron:

—Tenemos más de un año hablando sobre el mismo punto —le había dicho— y no has puesto remedio a la situación, tu esposa está siendo muy afectada, se siente desplazada por las personas de la iglesia, por tus preferencias por los demás; no creo que lo que ella te pide sea descabellado, recuerda que Jacob, como pastor sabio, decidió ir al paso de los pequeños para no exponerlos (Gn. 33:12-14). No es correcto que prefieras marchar solo, que ir al paso de tu familia, Dios te va a demandar primero a los de tu casa, que a las ovejas de tu rebaño. Tu hogar es tu primera iglesia, si eres fiel en lo poco, Dios te pondrá sobre más (Mt. 25:21); pero si tu familia sufre por tu intransigencia, tú serás responsable y te descalificarás a ti mismo para ejercer con eficacia tu ministerio. Recuerda bien, tú conoces lo que dice la Escritura, el primado lo tiene Dios, y después, la persona más importante que tienes en esta tierra, es tu mujer, luego tus hijos y después tu ministerio y las ovejas.

—Pero pastor, recuerde que la Biblia dice que debo amar a Dios más que a mi familia y estar dispuesto a dejarla por Él (Mt. 10:37-39).

—Por el Señor, no por tu ministerio —le aclaró Arturo—. Si tuvieras que comprometer tu fe para tener comunión con tu familia, no serías digno de Cristo, por ejemplo, que participaras de fiestas paganas que tu familia practicara, como de la primera comunión de un sobrino, o el bautismo de un bebé, sólo para estar en paz con ella. Pero en tu caso tienes una familia que ama a Dios, tu esposa te apoya y busca al Señor, me consta, cumple su deber al intentar balancear tus decisiones, como tu ayuda idónea la está haciendo bien. Empero tú estás fallando, no puedes ser buen pastor si expones a tus propias ovejas. Tu esposa tiene prioridad sobre la iglesia local, si ella se quiebra se quebrará tu ministerio y por ende la iglesia; si tu familia está bien, la iglesia estará bien atendida. Familias fuertes hacen iglesias fuertes, tienes que ser dechado de la grey para que todos se sientan inspirados a caminar en lo que les enseñas, con la palabra y con las obras (1ª P. 5:3, 1ª Ti. 4:12, He. 13:7).

Has sido un necio —agregó Arturo, después de suspirar profundamente—, y al pretender que tu familia se conforme a tus exigencias al punto de presionar a Ester con tu distanciamiento, lo que has logrado es herirla más, ella piensa que no la amas y que estás obsesionado por la iglesia o por alguna persona en especial, y eso la lastima tanto, que no va a entender tus argumentos, lo único que puede restaurar su corazón es un cambio radical.

—Pero, pastor... intentó replicar José.

—Por tu bien —prosiguió Arturo, sin dejar que lo interrumpiera—, después de haber orado con Roberto, nuestro apóstol, por varios días sobre el asunto, hemos considerado que debes cambiar tu ritmo en forma absoluta, tu esposa requiere tiempo y atención, tus hijos te necesitan, así que, después de un año de haber abordado este problema sin que lo hayas superado, vas a dejar de ir a Pachuca, y no porque tenga alguien que te sustituya, sino porque tu restauración tiene prioridad. Tendremos que orar hasta que Dios nos muestre si regresas o si otro ocupará tu lugar, mientras tanto, concéntrate en el grupo de casa que estás atendiendo en Naucalpan y, sobre todo, trabaja por la restauración de tu familia, recupera la paz del corazón de tu esposa.

—Pero, qué va a pensar la iglesia, qué van a pensar los ancianos, ¿qué les va a decir? —suplicó José, en su mente imaginaba la serie de comentarios que se desencadenarían, su prestigio se derrumbaría, nada volvería a ser igual.

—¿Te das cuenta que con tus preguntas demuestras que tus prioridades están mal? —le comentó Arturo, como si leyera sus pensamientos—, en vez de pensar en todo lo que tienes qué hacer para recuperar a tu familia, estás pensando en ti y en lo que los demás opinen...

—¿No puede ser después? —suplicó todavía José, haciendo evidente su necedad—, permítame siquiera despedirme de la iglesia.

—Lo más saludable para ti y para la iglesia —insistió Arturo—, es no prolongar el sufrimiento, si no sueltas las cosas en manera completa, todo será en vano. Puedes tratar a todos como amigos, pero no los aconsejes, no ores por ellos, no sigas llevando sus cargas; deja que Dios supla a sus necesidades por otros medios. Un día el apóstol Pablo se despidió de las iglesias que Dios le había dado, varias carecían de cosas que él les podía dar, pero tuvo que dejarlas como estaban y sólo las encomendó a Dios y a la Palabra de su gracia, seguro que los llevaría a cumplimiento aunque él ya no estuviera con ellas (Hch. 20:31-32).

—Me someto de corazón a lo que Dios les ha guiado —exclamó José con lágrimas en los ojos—, sé bien que usted como mi pastor y Roberto como mi apóstol, son mi protección. Lamento que las cosas hayan tenido que llegar tan lejos, me apeno mucho de ser el causante de tantos problemas.

—Dios proveerá José —lo trató de animar Arturo—, vamos a merendar algo.

—¡Muchas gracias, pastor! —José miraba el piso mientras lloraba—, me siento muy desanimado, tal vez Dios no me llamó a servirle y me equivoqué al pensarlo, es mejor que no me considere más en sus planes para el futuro.

—Tú eres un ministro de Dios —aclaró Arturo—. David fue mejor después de que falló, se arrepintió y fue restaurado, Pedro también, y Pablo. Recuerda además que sin arrepentimiento es el llamamiento y los dones de Dios (Ro. 11:29).

UN POCO DE LUZ

Los primeros rayos de luz lo despertaron, su mejilla estaba apoyada sobre el escritorio, sus notas estaban regadas por el suelo. Cuando levantó su cabeza, frotó su mejilla, marcada por la cuadrícula de su lapicero, se iba a levantar cuando notó que su Biblia estaba abierta en Job, sus ojos se posaron en el siguiente texto:

... Para quitar al hombre de su obra y apartar del varón la soberbia. Detendrá su alma de corrupción y su vida de que pase a cuchillo. También sobre su cama es castigado con dolor fuerte en todos sus huesos...

José parpadeó varias veces para aclarar su vista, su corazón parecía un caballo desbocado, se talló los ojos con el dorso de sus manos y siguió leyendo:

Si hubiera cerca de él algún elocuente anunciador muy escogido, que le anuncie al hombre su deber; que le diga que Dios tuvo de él misericordia, que lo libró de descender al sepulcro, que halló redención: Enternecéráse su carne más que de niño, volverá a los días de su mocedad, orará a Dios, y le amará, y verá su faz con júbilo: Y Él restituirá al hombre su justicia...

Con la mano temblorosa tomó su lapicero, enmarcó y fechó aquellos versículos de Job 33. Eran las 6:45 de la mañana, subió a la planta alta, se bañó, se arregló; llevó a su hijo a la secundaria y se fue a su trabajo.

Los días transcurrían muy lentamente, José parecía un autómata, todo lo realizaba mecánicamente. Por las tardes, cuando llegaba a su casa, tomaba un libro de su biblioteca y se encerraba en su recámara a leer, quería sustraerse de la realidad, olvidarse de todo; a veces pensaba que un día iba a despertar y todo volvería a la normalidad. A pesar del cansancio, dormía poco, su alma lloraba en silencio.

Una mañana de junio, cuando más desanimado se sentía, el teléfono de su despacho sonó:

—¿Bueno?

—Con el ingeniero José Valle por favor —pidió una voz femenina.

—Él habla —dijo José, tratando de identificar la voz.

—Hermano José, ¿ya me reconoció? Soy María, perdone que lo moleste en su trabajo, si soy inoportuna le llamo por la noche a su casa.

José miró su reloj, ya era la hora de salida, por lo que suplicó:

—¡No, por favor hermana María! Me da mucho gusto oír su voz. ¿Cómo están su esposo y su hijo?

—Todos estamos bien gracias a Dios, aunque tristes, le extrañamos mucho y estamos orando por usted, entre todos nos consolamos mutuamente, pero ¿Y usted? ¿No nos ha olvidado? Estamos esperando en Dios que regrese ¡Le necesitamos! Debe saber que estamos orando para que vuelva, pero estamos abiertos a lo que Dios determine, aunque eso pueda significar que nunca regrese con nosotros.

—¡Gracias, hermana María! —respondió José, suspirando—, no sabe cuánto bien me hacen sus palabras, los extraño mucho, siete años juntos llenaron mi vida de cosas inolvidables. ¡Les amo entrañablemente! También yo puse en el altar de Moriah mi corazón por ustedes, esperando que Dios en su misericordia quiera devolvérmelos, pero si no es así, confío en que Dios los bendecirá abundantemente, porque Él siempre tiene lo mejor para su amada Iglesia que ganó con su Sangre.

—Pastor, al estar orando por usted, Dios nos dio un pasaje en Job 33:14-26 y no hemos querido pensarlo mucho para compartirlo con usted, confiamos que Dios le dirá si es para usted, y si no es así, esperamos que usted sabrá disculpar nuestra imprudencia.

El corazón de José dio un vuelco, era la misma cita que había guardado por semanas, no le cabía la menor duda. Un poco turbado, pero tratando de disimularlo dijo:

—Estoy anotando la cita, les agradezco mucho su cariño, les prometo que voy a leerla y a meditar en ello, estoy seguro que me será de gran bendición, porque en realidad me encuentro un poco desanimado.

—Bueno, hermano José, no lo interrumpo más, no se desanime, recuerde que usted nos enseñó que Dios nunca nos deja, jamás, por ningún motivo, nunca nos desampara (He. 13:5). Ahora tiene la oportunidad de intimar más con el Señor en la soledad, nosotros aunque tristes, nos tenemos unos a otros. ¡Dios lo bendiga y no olvide que le amamos!

—¡Dios la bendiga! Salúdeme a todos los que me recuerdan.

Cuando la hermana María colgó, José se quedó por varios segundos pensativo, sin importar el sonido intermitente de la línea interrumpida; luego suspiró profundamente y colgó el auricular, sacó su Biblia del cajón del escritorio y buscó la cita, era la misma que tenía enmarcada desde aquella madrugada fría de marzo, cuando su alma había rehusado el consuelo.

—Jamás me repondré —pensó—, sé que de nuevo tendré gozo, mas ya no tendré alegría. Dios quiere que esté muerto para mí y vivo para Él; mis deseos no tienen importancia, sólo la voluntad de Dios. Cuando puse mi Isaac en el altar, entregué a Dios lo que más amaba, Dios lo tomó y no sé si me lo devolverá; lo que sí sé es que me ama y que con esto evitó mi muerte, porque me quiere llevar a más, no entiendo cómo, pero seguramente lo entenderé después, como le pasó a Pedro.

—Dios —oró José—, gracias por recordarme la palabra que me habías dado, con ella confirmas cuánto me amas y que tu propósito es vida; yo me quería morir mas Tú quieres que viva, pero para ti.

Ayúdame a recibirlo no sólo en mi entendimiento, imparte vida a mi corazón. Te ruego que bendigas mucho a mi esposa e hijos, a tu iglesia en Pachuca, consuélales como sólo Tú sabes hacerlo y perdóname por haberles causado dolor. ¡Te suplico, mi Señor, dales un pastor! Bendice también a Arturo, que seguro ha lamentado tener en mí una oveja tan manchada como las de Jacob.

Cuando salió de la empresa eran las 6:10 de la tarde, el cielo gris amenazaba lluvia, a la distancia podía distinguir que al sur de la ciudad llovía intensamente. A José le gustaban los días nublados, guardaba recuerdos de días así, éste sería uno más.

Mientras circulaba rumbo a su casa por el pesado tránsito de la ciudad, recordó que Gabriel, uno de los líderes de la iglesia, le compartió en los primeros días de abril, un pasaje de las Escrituras que habla de cuando David, huyendo de Saúl, se escondió en la tierra de los filisteos, y Achís, el rey de Gath lo aceptó como su aliado y le permitió vivir en Siglag con sus hombres y sus familias. En cierta ocasión en que David y sus hombres regresaban de estar con Achís, encontraron a Siglag incendiada, sus mujeres e hijos habían sido tomados cautivos por los Amalecitas. Los hombres de David lloraron con amargura hasta no poder más y David temió y se angustió mucho, empero se esforzó en Dios y, después de consultarlo por medio del Sumo Sacerdote, salió, alcanzó a sus enemigos, los venció y recuperó a su familia y a las familias de sus hombres, no faltó cosa chica ni grande que no recuperara y, además, tomó gran despojo de sus enemigos, que después repartió entre sus seiscientos hombres (1° Sm. 30:1-20).

José sabía que Amalec es una figura de la carne, así que entendió con claridad que su orgullo lo había cegado en tal manera, que su propia familia había sufrido las consecuencias de su descuido (1 Ti. 3:4-5); entendió que los había expuesto al intentar pelear en sus fuerzas contra los filisteos, lo cual lo distrajo y fue sorprendido. Ahora debía esforzarse en el Señor a fin de recuperar lo perdido y aún lograr despojos de Amalec. Cierto, el llanto había sido tan amargo e intenso como el de David y su ejército, mas el verdadero Sumo Sacerdote, Cristo Jesús, le había mostrado cómo iba a recuperarlo todo y más.

José obedeció, dejó de atender a la iglesia de Pachuca y siguió ministrando en el pequeño grupo que Dios estaba levantando al poniente de la ciudad, era como el torrente de Besor donde el cansancio parecía detenerlo, mas el agua de aquel arroyo le impidió desmayar del todo.

Con esos pensamientos José llegó a su casa, una llovizna muy fina estaba cayendo. Apagó el motor del coche y esperó un poco, tenía que entrar a su casa con una sonrisa; su familia requería atención y no preocupaciones mayores que con sus problemas le causaría. Habían transcurrido ya varios meses de soledad, apartado de sus hermanos y amigos más amados.

Cuando entró a la casa, sus hijos pequeños corrieron para recibirlo con un beso, saludó a su esposa y se encerró en el estudio, de los momentos de ese día surgieron varios versos, de los cuales los siguientes son algunos que conservó con cariño:

TOMANDO MI CRUZ

Anhelos he de enterrar
pues por Él los he amollado,
nunca más han de exultar
a mi corazón callado.

Es real el dolor de muerte
y el llanto que se derrama,
como real es, y más fuerte
la gloria que así proclama.

El mismo dolor de Abraham
por su Isaac en el altar,
mi pecho quebrantarán
lo más amado al soltar.

Me duele con gran dolor,
la sangre mis sienes perla:
es el precio del fulgor
de la gloria al conocerla.

Renunciar trae sufrimiento,
es la muerte que Él espera;
frío hibernal es lo que siento:
mas precede a primavera.

Como semilla que ha muerto
ya sembrada fue mi vida,
será mi alma cual huerto
aunque en dolor fue sumida.

Primero es ser muerto en vida
a mí y al amor del mundo:
con la corteza podrida
el grano se hace fecundo.

Feraz terreno es el alma,
preludio de gran cosecha,
sólo así el fruto la colma
porque la cruz no desecha.

Es la gloria de un renuevo,
es la gloria de una flor,
es el aroma que llevo
y es del fruto el esplendor.

Perder la vida por Cristo,
crucificar mis anhelos,
es mirar lo nunca visto,
pues es penetrar los cielos.

Es la muerte de mí mismo
lo que cambiará mi historia,
lo que arrojé en el abismo
lo recibiré con gloria.

Prosperidad es la cruz
que me mantiene seguro,
es su verdad plena luz
que ilumina mi futuro.

Esta vida nueva es mucha,
sin límite de poder;
valió la pena la lucha,
valió la pena el perder.

La aflicción no es comparable
al peso eterno de gloria,
que surge inimaginable,
al proclamar la victoria.

Y diré: Valió la pena,
cuando en su faz yo me vea,
y cuando estando en la cena
vea su trono y lo posea.

***

Primero los pastores Ramón y Francisco, después Raymundo y Rafael, que habían conocido la doctrina por medio de él y eran sus amigos, desistieron de invitar a José a sus congregaciones; ignoraban la causa por la que ya no pastoreaba la iglesia de Pachuca y estaba dedicado sólo al grupo de Naucalpan, aunque los dos últimos asistían todavía al servicio de los viernes. José estaba sorprendido que dicho grupo estuviera creciendo pese a su estado de ánimo; la única explicación era la fidelidad de Dios (Ro. 11:29), pues con sinceridad podía testificar que cuando ministraba sentía el respaldo de Dios, la gente era bendecida, los enfermos sanaban, pero después le volvía la tristeza y el dolor que lo abatía. El alambre del Alfarero divino, al parecer, no había concluido su labor sobre su alma indómita.

Los rumores que se corrían sobre los motivos para su disciplina eran de todo tipo, José sabía que era muy complicado tratar de dar explicaciones, no sentía libertad de aclarar nada, pero sabía que si como David se humillaba y esperaba en Dios, aún las maldiciones de los "Semei" que surgieran, se le tornarían en bendición (2º Sm. 16:5-12).

LA CUEVA DE ADULLAM

José se sintió muy dolido cuando escuchó un comentario de lo que se decía de él, del porqué había tenido que dejar a la iglesia de

Pachuca. En su corazón algo se murió, su prestigio que tanto tiempo había alimentado, se encontraba por los suelos. Reconsideró si debía defenderse, hacer aclaraciones, tratar de recuperar algo de su reputación, pero Dios lo calló. Era mejor considerarse muerto y ser sepultado, que sufrir la agonía del desagravio. Por momentos cedió a la tentación de auto compadecerse, se sentía *Chirriscuis* cuando lo evitaban, o le daban un saludo obligado y por algún tiempo su corazón se amargó, síntoma inequívoco de que el orgullo aún persistía.

¿No saben que es un *Chirriscuis*? Pues dicen que es un micro insecto que vive en la cabeza de los piojos, es decir, el piojo de los piojos. La autocompasión es una manera sutil del orgullo, nos minimiza al punto de hacernos sentir que un piojo es mucho más que nosotros.

La gente que se congregaba en el grupo de Naucalpan, era gente lastimada, de espíritu amargado, la mayoría era de trasfondo legalista, por lo que venían cansados y frustrados de tanto esfuerzo propio. Las reuniones eran como un oasis donde podían recibir la frescura de la gracia de Dios, su anhelo por conocer más de Dios era tal, que José se tenía que sobreponer a su propio dolor para atender a sus necesidades. "¡Ánimo equipo!" —les decía con frecuencia, sabía que era un enorme privilegio poder ministrar en aquel lugar, que al principio llamó su "Siberia". El cariño de los hermanos por José fue creciendo, sentía pesar por tener que ocultar su tristeza para servirles con una sonrisa (1° Sm. 22:1-2).

Un lunes de mediados de agosto, por la mañana, José se estaba bañando cuando se empezó a sentir mal, un hormigueo que empezó en sus manos y pies, se le fue extendiendo por los brazos y piernas, los dedos se le empezaron a contraer y su campo visual se le redujo; asustado salió de la regadera, se enredó una toalla en la cintura y salió del baño trastabillando, al llegar a su cuarto no pudo más y cayó al piso; le gritó a su esposa, Ester subió las escaleras corriendo y lo encontró tendido en el suelo, pálido y con los brazos contraídos. Turbada Ester, no atinaba qué hacer, pensó en llamar a un médico, finalmente se hincó a su lado y le preguntó:

—¿Qué quieres que haga?

Con gran esfuerzo por no perder el sentido, José abrió los ojos y le dijo:

—¡Por favor, llama a tus hijos y oren por mí!

Ester les gritó a los niños sin levantarse del suelo:

—¡Niños, vengan pronto, su papá se siente mal!

Cuando los niños entraron ella frotaba las piernas de José con alcohol y les pidió que oraran en otras lenguas mientras frotaban los brazos de su papá. En ese momento sonó el teléfono y Ester se paró a contestar:

—¡Bueno!... Sí está... Discúlpeme que no la puedo comunicar, se está sintiendo mal, ahora mismo estamos orando por él los niños y yo... sí gracias... está bien, le avisaré que llamó... hasta luego. ¡Dios le bendiga!

Quien había llamado era una hermana de Naucalpan que quería un consejo. Pronto muchos hermanos estaban orando por él. Ester volvió a su lado y le dio a oler alcohol, José abrió los ojos.

—Me duele mucho la cabeza —les dijo débilmente—, ya se me está pasando el adormecimiento del cuerpo, miren, ya puedo mover mis dedos y mis brazos. ¡Gracias a Dios!

Con ayuda de Ester y de Eliseo, su hijo mayor, se levantó del suelo y se recostó en la cama, todo aquel día se sintió muy agotado, como cuando se hace un gran esfuerzo; por la tarde el dolor se concentró en sus sienes. Esa noche platicó con su esposa y se aclararon varios malos entendidos, los resentimientos de Ester por el abandono en que la había tenido por causa de su orgullo, fueron tratados. Pedir perdón fue como una llave que abrió la puerta de la esperanza. Implicaba reconocer sus fallas como esposo y su rostro ruborizado era el vivo retrato de su humillación. Cuánto tiempo había pospuesto ese momento, con la ilusión de que el tiempo lo hiciera innecesario; pero una deuda no se salda con olvido, sino con pago... o con perdón. Ese era el comienzo de una nueva etapa. José sabía que la restauración de sus relaciones tomaría tiempo, por lo que debía ser paciente y prudente, mas Dios estaba ayudándolo en todo.

José recordó que siete años antes tuvo un problema de salud similar, en aquella ocasión no sintió miedo de morir como en ésta, pues aún pudo bendecir a sus hijos mientras dormían y después se dispuso a dormir en el Señor. Días después, cuando ya se había recuperado, tuvo una visión: Vio a la iglesia celebrando un servicio, la gente estaba alabando a Dios con fervor, pudo reconocer a muchos; allí estaban su esposa y sus hijos ocupando los lugares de costumbre, mas su silla estaba vacía, pudo notar que todo funcionaba bien sin él, la iglesia y su familia se veían bien. De pronto escuchó una voz que le decía: "No te necesito...", sabía que era Dios, por lo que su semblante se entristeció grandemente, pensaba que su vida se quedaría en proyecto; después de unos minutos, volvió a escuchar la misma voz que le decía: "... pero te doy el privilegio de servirme".

Desde entonces supo que ya no se pertenecía, su tiempo personal había terminado, y el tiempo extra que Dios le concedía era exclusivamente suyo.

¡Qué pronto olvidamos cosas tan importantes! —pensó José—, Dios me ha refrescado la memoria con lo que acabo de pasar, vivo para Él, su voluntad es lo único que importa, Él es mi Señor y puede hacer conmigo lo que le plazca.

—Sé muy bien —oró—, que puedes recibir gloria aún de mis fracasos, porque siempre tienes perdón y consuelo para mi alma. Cuando el diablo señala mis errores, lo hace para condenarme; pero cuando el Espíritu Santo me redarguye de ellos, lo hace para que me acerque a ti y pueda ser restaurado. Señor, tú llevas en tu pecho a la perniquebrada, porque sabes bien que cuando vuelva a correr por los prados, ya no volverá a los acantilados; tu pecho fue su medicina, tus fuertes brazos le ministraron seguridad y se identificó contigo; reposó en ellos y se acostumbró a ti. Señor, ponme en tu tabanque, encaja tus dedos en el barro de mi alma, presiona con las palmas de tus manos, haz girar la rueda de tu perfecta voluntad y céntrame en ella.

V. CUANDO GIRA EL TABANQUE

La mesa del alfarero es circular, está montada sobre su base por medio de un eje, de tal manera que pueda girar; las más sencillas, tienen una rueda inferior horizontal unida al mismo eje, la cual sirve para impulsar con los pies el giro de la mesa, de modo que el alfarero se sienta frente a la mesa, coloca la masa de barro sobre ella y la hace girar con los pies, mientras sus manos presionan el barro hasta centrarlo.

Al principio, el barro choca en forma irregular con las manos del alfarero, pero cuando queda centrado, sus manos deslizarán suavemente sobre él; en ese momento los dedos del alfarero se encajarán para levantar la masa y empezará a darle forma, según el vaso que quiere obtener.

Cuando levanta las paredes, una de sus manos presionará desde el interior y la otra por el exterior, con lo cual le dará la altura y el espesor deseados. Da gusto ver la manera en que la arcilla se somete a la destreza del alfarero.

La quinta relación básica a la que Dios somete a todo creyente consiste en centrarlo en su voluntad, y como sabemos que Dios jamás improvisa, todo lo que hace está perfectamente previsto en su Plan Divino. De la misma manera que el alfarero, Dios trabaja con nosotros. El tabanque prefigura el plan de Dios, las manos del alfarero prefiguran al ministerio quíntuple (Ef. 4:11-13), la sumisión es necesaria para que más fácilmente seamos centrados en la voluntad de Dios por ellos (1ª P. 5:6), la cual nos permitirá experimentar su reposo (Fil. 4:4-7). Finalmente podremos ver que el modelo en el corazón de Dios para labrar los vasos es Cristo (Ro. 8:29, 2ª Co. 3:18), y en la medida en que somos transformados, podremos experimentar más y más la voluntad de Dios, agradable y perfecta, la cual podemos comprender como la predestinación (Ro. 8:29, 12:2).

La palabra usada por el apóstol Pablo para hablar de nuestra transformación es *Metamorfosis*, que también se utiliza para definir el cambio que se realiza dentro del capullo para que un gusano se convierta en mariposa. También es importante considerar que Dios no nos está haciendo iguales, sino semejantes a Cristo, tal y como el alfarero fabrica sus vasijas, no salen idénticas, pero todas son semejantes al modelo.

José reconoció que en su corazón albergaba ciertos resentimientos contra Arturo, la presión de las manos de Dios tratando de centrarlo en su voluntad, le dolió mucho. Le costó trabajo reconocer que quiso forzar las cosas, para que las palabras proféticas que había recibido con antelación, se cumpliesen. Hay cosas que están en la voluntad de Dios pero que requieren de tiempo y tratos necesarios para que se cumplan; su alma chocó con las manos de Cristo hasta que tuvo que ceder, con la esperanza de recibir más tarde aquello que depositó en el altar de Moriah.

En cierta ocasión en que José oraba, pero le parecía que su oración apenas llegaba a la loza, Dios preguntó a su corazón contristado:

—¿Sigues resentido?

—Es que fui tratado con dureza —respondió de inmediato, sabiendo que era Dios el que le hablaba—. Además fui abandonado, ni de casualidad Arturo se ha preocupado por cómo estoy, ni siquiera sabe si aún estoy.

—Tu resentimiento es conmigo —le respondió el Señor.

—¡No, Señor! —replicó él—, contigo no me puedo resentir, Tú sólo me has mostrado mucha misericordia.

—Lo que Arturo te disciplinó fue por mi voluntad. Además la soledad te es buena para aprender a refugiarte y depender más de mí.

—Perdóname, Señor mío, acepto tu disciplina y me someto a ti. Desecho de mi corazón todo resentimiento y te pido: libérame de toda raíz de amargura (He. 12: 6-15)...

Los meses transcurrieron, el tiempo, la gracia y los propósitos de Dios se conjugaban para moldear el alma de José; lo único claro a su corazón, era que Dios se iba a salir con la suya, que siendo aficionado a la obra de sus manos, iba a persistir hasta lograr de él un vaso de misericordia, quería cooperar con Dios, por eso repasaba frecuentemente sus notas sobre "El barro y el Alfarero".

Por otro lado, tuvo mayor cuidado de los detalles con Ester, le hizo algunos poemas, le enviaba flores, cosa que siempre le había parecido un desperdicio; la llevaba a cenar sin los niños; trató de mantener una mayor y mejor comunicación. Todo empezó a funcionar mejor, pudo darse cuenta que los principios de Dios son sabiduría pura y que cuando Cristo tiene el primado, todo lo demás se empieza a acomodar en el sitio que le corresponde, y los buenos resultados no se hacen esperar demasiado.

VI. UN VASO CASI LISTO

Cuando el vaso ha sido torneado, el alfarero lo despega con mucho cuidado de la mesa y lo somete a tres fases más, para darle el acabado que desea: Primero toma el vaso y lo guarda de cabeza en un lugar oscuro y cerrado, con el propósito contrario al del segundo paso, es decir, que se seque muy lentamente, para que no se produzcan defectos en su superficie, como pequeñas grietas o poros. En segundo lugar, cuando el vaso está completamente seco, lo saca de aquel lugar, lo coloca al centro de la mesa y lo hace girar para quitar las rebabas y asperezas que le quedaron en la base al desprenderlo de la mesa. Por último, asienta el vaso sobre su base y lo decora para que no sólo sea útil, sino además luzca muy bello.

Estas tres etapas de acabado prefiguran la sexta relación básica, que es con Dios mismo: Con el Padre, con el Hijo y con el Espíritu Santo.

a) Nuestra relación con el Padre, se da en la recámara secreta de la oración y el ayuno, son tiempos necesarios para que nuestra alma adquiera consistencia, y a su tiempo podrá ver que valió la pena (Mt. 6:1-6, 16-18). La superficie tersa, sin la más mínima grieta o poro, sólo se obtiene cuando el amor del Padre cubre nuestra vida natural, en los tiempos de íntima comunión con Él (1ª P. 4:8, Pr. 10:12).

b) Nuestra relación con el Hijo, se da cuando Él se constituye en nuestro fundamento, es posible que todo se vea de cabeza, pero es así que Dios le da estabilidad y madurez a nuestra alma. Las circunstancias y lo que perciben nuestros sentidos, no nos deben mover de la verdad que se ha hecho carne dentro de nosotros, porque estamos fundados sobre la roca (1ª Co. 3:14, Ef. 2:20, Mt. 7:24-25). La madurez es el fruto del Espíritu de Cristo que ha sido labrado en nuestra alma, cuando su Palabra y sus principios ya forman la base de nuestra vida espiritual (Ef. 4:14-15).

c) El decorado del vaso, prefigura nuestra relación con el Espíritu Santo, quien, mediante sus nueve maravillosos dones, imparte belleza espiritual al creyente. Son como los adornos que pendían del Efod del Sumo Sacerdote (Ex.

28:2, 31-35), las granadas prefiguran el fruto del Espíritu (Gá. 5:22-23) y las campanitas los dones del Espíritu (1ª Co. 12:4, 7-11), que en Cristo se manifestaron ambos en perfecto equilibrio.

Cristo, en Getsemaní, tuvo su cámara secreta, muchas veces se apartaba de todos para orar a su Padre en aquella parte del huerto de las Olivas (Jn. 18:1-2, Lc. 21:37, 22:39-40, Mt. 26:30, 36; Mr. 14:26, 32). La noche que fue entregado, pidió a sus discípulos que lo esperaran, mientras Él se iba a un tiro de piedra más lejos. Ir más allá de donde alcanza la fuerza del brazo de un hombre, prefigura la gracia que Dios da a todo aquel que lo busca en secreto. Su oración secreta fundió su voluntad con la del Padre. La verdadera oración cambia al que ora, lo une a Dios y le imparte fortaleza divina (Lc. 22:41-45).

¡La soledad es horrible! La soledad más espantosa se llama infierno, porque es la separación total de Dios. El Señor dijo a sus amigos que sabía que lo dejarían solo, pero que no lo estaría porque su Padre siempre estaba con Él (Jn. 8:29, 16:32). Pero cuando estuvo en la cruz en nuestro lugar, el grito más desgarrador traspasó el universo: "¡Dios mío, Dios mío! ¿Por qué me has abandonado?" (Mt. 27:46) En ese momento, Cristo estaba experimentando la más espantosa soledad, su dulce y eterna intimidad con su Padre se había roto por causa nuestra. Nosotros nunca estaremos totalmente solos, ni en nuestras horas más oscuras, porque el Padre estará allí con nosotros. La oración nos aísla para Dios, borra a todos los demás, nos hace más conscientes de Él, nos separa para mirar su misma gloria, que después los demás mirarán en nosotros.

José sabía lo que es estar solo, no tener más que a Dios y refugiarse en Él. También había experimentado aquel giro en que todo parecía estar de cabeza, aunque en realidad todo estaba bien; además el Espíritu Santo le había concedido varios de sus dones, que al operar en su vida, habían bendecido a otros y habían dado gloria a Dios... Aunque no siempre —pensó José.

VII. EL HORNO Y LA GLORIA

Cuando el vaso ha sido decorado, pareciera estar listo para ser usado, mas no es así. El barro está crudo, los líquidos pueden humedecer y disolver el barro de la superficie y contaminar su contenido; así que el vaso debe someterse a un cocimiento en cuatro etapas:

a) La primera fase debe ser a fuego lento, con una temperatura tal, que sólo queme todas las sustancias orgánicas que están mezcladas con la arcilla; esto purifica el vaso, dejando únicamente los compuestos minerales no combustibles. Este calentamiento es conocido en la alfarería como "quemado a muerte". Un vaso en estas condiciones, podrá contener líquidos fríos sin que se contaminen por la disolución de las sustancias orgánicas.

b) La segunda fase consiste en elevar más la temperatura, hasta hacer reaccionar las moléculas del agua contenida en la arcilla, con sus moléculas minerales; esta reacción se conoce como "liga química", ya que las moléculas minerales hidratadas, adquieren una consistencia vítrea muy fuerte y las hacen insolubles en agua y líquidos calientes.

c) La tercera fase consiste en elevar la temperatura hasta que esté cercana a la temperatura de fusión, de modo que los granos que forman la arcilla se reblandezcan superficialmente y se integren con los granos vecinos formando una estructura monolítica; esta etapa se conoce como "sinterización", y le confiere a la arcilla características de estabilidad únicas, es decir, le da estabilidad a alta temperatura. Las piezas de barro sinterizadas se conocen como piezas de cerámica.

d) La cuarta fase es tan necesaria como las anteriores, el templado, de él depende la óptima calidad de la vasija. Consiste en sacar la pieza del horno cuando éste está muy caliente, para que se enfríe bruscamente con una corriente de aire frío. Después, cuando la pieza está fría y se golpea con la uña del dedo, se escuchará un sonido metálico, como el del cristal. ¡Ahora sí, el vaso está perfecto!, listo para todo uso bueno en la gran casa de Dios.

De la misma manera que el alfarero cose el barro en cuatro etapas, Dios obra con los vasos de misericordia ese mismo proceso, lo que lo relaciona correctamente con la gloria de Dios, que es tan grande, que se visualiza en cuatro facetas diferentes: La gloria de su Nombre, la gloria de su Palabra, la gloria de su vida y la gloria de su presencia, veamos:

- La primera fase tipifica la muerte de la carne para manifestación de la gloria del Nombre de Cristo. Juan el Bautista dijo que le convenía menguar para que Cristo creciera (Jn. 3:30). La crucifixión de nuestra carne con sus afectos y concupiscencias es necesaria para que no contamine la gloria que Dios nos ha dejado por medio de su Nombre (Gá. 2:20, 5:24, 6:13-14). El libro de Los Hechos nos muestra cuándo la iglesia experimentó el fuego del horno y cuáles fueron los resultados (Hch. 4:29-31). En la carne hubieran orado: "Señor, mira sus amenazas, escóndenos de nuestros enemigos"; mas ellos vieron el problema como una oportunidad para hacer muchos milagros en su Nombre, porque su propio bienestar estaba crucificado.

- El segundo paso del horneado, o fraguado, sirve para ligar químicamente el agua con la arcilla, prefigura la manera en cómo Dios logra hacer que su Palabra se haga carne en nosotros, es decir, manifiesta la gloria de su Palabra, cuando en la prueba heredamos sus promesas, y por medio de ellas, somos hechos participantes de más de su naturaleza divina (2ª P. 1:3-4). Es así como podemos contemplar en nuestra vida la gloria que primero miramos en el Santuario, cuando nos fue enseñada su Palabra (Sal. 63:2). Al caminar en su consejo, vamos a contemplar su gloria cuando su Palabra se cumple y heredamos sus promesas (Sal. 73:24).

- La tercera fase del horneado o sinterización, prefigura la madurez que se alcanza cuando llevamos en nuestro cuerpo la muerte de Cristo, para que su vida se manifieste en nuestros cuerpos mortales (2 Co. 4:10-12). Es la manifestación de la gloria de su vida; es Cristo pensando, hablando y actuando a través del creyente. Esa es la mejor definición de ministerio: No es un despliegue de habilidades humanas puestas al servicio de Dios, sino la vida de Cristo manifestándose a través de un hombre que se ha rendido hasta ser uno con Él (2ª Co. 3:4-6). El ministerio es un servicio en el espíritu y no en la fuerza natural, no consiste en impartir información o letra, sino vida (Ro. 1:9, 8:4). El ministerio es un vaso de barro lleno de gracia (1ª Co. 15;10). Nuestra alma debe fundirse con la de Él para que use nuestros labios, nuestros pies, nuestras manos, todo nuestro ser; qué en verdad seamos una cosa con Él, como es su firme deseo (Jn. 17:21).

- El enfriamiento brusco fuera del horno, o templado, es el secreto de la calidad del vaso preparado para honra, es lo que lo hace refractario y prefigura el desarrollo de la templanza, que junto con la paciencia, nos lleva a experimentar el reposo de fe, que nos llevará a su vez a soportar la plenitud de la gloria que Dios quiere depositar en cada vaso (Stg. 1:3-4). Nada nos debe mover de la voluntad de Dios: Ni las tribulaciones, persecuciones y demás dificultades que el diablo pone en nuestro camino (cosas calientes), ni tampoco la fama, el éxito, el fruto abundante y demás bendiciones que hacen manifiesto el respaldo de Dios (cosas frías). Lo más importante no es lo que hacemos, sino Él. No es servir a los hombres esperando su reconocimiento, sino a Dios, anhelando su aprobación mediante la manifestación de su presencia; es caminar con Cristo cada día hasta que llegue el día para irnos con Él (Gá. 1:10, 1ª Ts. 2:4-6).

Enoc caminó con Dios, y un día el siguiente paso que dio fue en el cielo, pero antes hubo el testimonio claro de que había agradado a Dios (He. 11:5-6, Gn. 5:24, Ef. 1:9-12, 1ª Ts. 4:17). Siendo séptimo desde Adán, nos habla de plenitud, profetizó sobre la segunda venida de Cristo y fue transpuesto para no ver muerte, todo ello nos muestra a Enoc como un tipo de los vencedores, de los cristianos viviendo en plenitud, esperando el retorno de Cristo, los que también serán transpuestos para no ver muerte.

***

José sabía que aún le faltaba mucho para considerarse un vaso terminado, pero su confianza estaba en que: "El que comenzó la buena obra, la perfeccionará hasta el día de Jesucristo" (Fil. 1:6). Sabía que por las burbujas de orgullo se había quebrado en las manos del Alfarero, no obstante, confiaba en que el dolor del alambre repasando su alma, era parte de la obra de Dios para levantar el vaso que Dios se había propuesto hacer de él. Nunca olvidaría que orgullo es pensar de sí mismo más de lo que es justo, pero que no es humildad la falta de autoestima (Gá. 6:3-5, Ro. 12:3).

Han pasado más de 17 años de su salida de Pachuca, el grupo de Naucalpan se ha convertido en una iglesia y tiene, por la gracia de Dios, un templo construido y una asistencia normal de más de 300 adultos. Pero lo más maravilloso es que José y Ester están muy unidos, al punto de ser un ejemplo de amor y fidelidad ante la iglesia. Sus hijos, todos salvos y llenos del Espíritu Santo, están sujetos a sus padres y ayudan, sin privilegios, en los quehaceres de la iglesia. El amor es el cemento que los ha unido y todos lo reconocen. José cuida con especial esmero a su amada esposa y a sus hijos y nunca más los sacrificará en aras del ministerio. Sus prioridades están restauradas y ellos son muy felices y fuertes, sirviendo al Señor.

Se sabía amado por el divino Figulino, aún y cuando el paso del alambre había pulverizado su alma (Col. 1:27). Con una mezcla de tristeza y gozo, tristeza por todo lo que se truncó cuando Dios lo detuvo, y gozo porque comprendía que había sido necesario para no perder su propósito (2ª Co. 7:9-11), trató de plasmar en otros versos las lecciones recibidas:

DEL BARRO

Dios como buen alfarero
de sangre el campo adquirió:
sepultura al extranjero;
cuando en la cruz Él murió.

Acéldama de su amor,
lúteo campo de esperanza,
dócil tierra del Señor
que por fe su fin alcanza.

1

Primero lava la arcilla
en su lavacro divino,
y como de Adán la costilla
darále forma y destino.

Con su Palabra bendita
el Señor así nos lava,
y con ello Él nos evita

lo frondío que nos quedaba.

2

Y aquella masa de lodo
a la intemperie es secada:
al sol y al aire, y con todo
su consistencia es probada.

En relación con el mundo
es el cristiano probado,
si el rompimiento es rotundo,
es su andar corroborado.

3

Con sus pies lo pisará,
daréle plasticidad,
y homogéneo quedará
con moldeable libertad.

Nuestro orgullo humillará
con su amor y autoridad,
y así al alma moldeará
conforme a su voluntad.

4

Y aquella masa de barro
con su alambre Él cortará,
cada burbuja y guijarro
de la arcilla Él quitará.

Según requiera tu vida
el Señor te tratará,
tu alma será molida,
tus dudas disipará.

5

En su mesa de alfarero
al girar la centrará,
con sus dedos, con esmero,
un vaso levantará.

Con sus cinco ministerios
te pondrá en su voluntad,
y de su plan sus misterios
conocerás en verdad.

6

Lo pondrá en lugar oscuro,
irá perdiendo humedad;
su base lo hará seguro;
con adornos de humildad.

En lo secreto Dios busca
que tengas intimidad;
que tu base firme luzca:
amor, gozo, paz, bondad...

7

Con fuego lo cocerá
y sonoro cual cristal,
con gracia lo llenará,
útil, bello, original.

Si en el horno lo prepara
y en alabanza reposa,
de su gloria Él le depara,
será un vaso que rebosa.

***

DE GRAN IMPORTANCIA

La sexta relación básica abarca tres aspectos y la séptima cuatro, lo que da un total de doce relaciones, formando una estructura básica de siete y desglosada, de doce principios o relaciones, que Dios usa en toda la Biblia. Como ejemplos se pueden mencionar los siete días de la creación, los siete muebles del Tabernáculo, los doce jueces que juzgaron a Israel, las siete cosas que Dios restauró en el tiempo del rey Josías y después en el tiempo de Esdras y Nehemías. También lo podemos encontrar en el Evangelio de Juan, al estudiar las siete ocasiones en que Cristo dijo "YO SOY..."; en las epístolas que escribió San Pablo a las siete iglesias gentiles; en las siete iglesias de Asia mencionadas en el Apocalipsis, etc., etc.

Es maravilloso notar que la correspondencia que tienen es precisa, por lo que podemos asegurar que la Biblia fue inspirada divinamente, que no es un compendio de verdades sueltas, sino que son verdades estructuradas y relacionadas en forma tal, que contienen leche y alimento sólido para nuestro hombre interior (He. 5:11 a 6:3). La leche o rudimentos de la doctrina son siete, y se relacionan con la vianda firme, que son las siete verdades clave, o llaves que pueden abrir los siete sellos que mantienen cerrados los misterios de la Biblia a la mente natural (Ap. 5:1-9, 1ª Co. 2:6-10). Es por eso que el apóstol declara que en la Palabra de Dios tenemos la mente de Cristo (1ª Co. 2:15-16).

No te conformes con ser especialista en alguna verdad de la Escritura, no te sientas satisfecho con una rebanada del pastel de Dios, cuando Él quiere que lo disfrutes todo.

El apóstol Pablo recomendó a Timoteo que retuviera la forma o estructura de las sanas palabras que le enseñó (2ª Ti. 1:13), porque así podría ser un obrero fiel que pudiera trazar bien las verdades doctrinales (2ª Ti. 2:15). El siguiente cuadro resume las siete relaciones básicas estudiadas en esta segunda parte:

CUADRO DE LAS SIETE RELACIONES BÁSICAS

PROCESO DEL BARRO	RELACIONES BÁSICAS
1.- Lavar la arcilla	1.- Con la Palabra de Dios.
2.- Secar a la intemperie	2.- Con el mundo.
3.- Pisar la arcilla	3.- Con la autoridad.
4.- Moler la arcilla	4.- Con tratos personales de Dios.
5.- Centrar en el torno	5.- Con el plan de Dios.
6.- Dar acabados:	6.- Con Dios mismo:
a.- Secado lento	a.- El Padre.
b.- Afinar la base	b.- El Hijo.
c.- Decorado	c.- El Espíritu Santo.
7.- Horneado:	7.- Con la gloria de Dios:
a.- Quemado a muerte	a.- De su Nombre.
b.- Fraguado	b.- De su Palabra.
c.- Sinterizado	c.- De su Vida.
d.- Templado	d.- De su presencia.

***

José consideró como parte de su lección de humillación, el abrir los aspectos de su vida personal que han sido narrados, porque confía que pueden ser de bendición a todos aquellos que han sido llamados para servir a Dios. Sabe que no debe pretender ser un gran hombre de Dios, sino un pequeño siervo de un gran Dios, privilegiado de servirle. San Pablo también pasó por momentos de vergüenza cuando el mensajero de Satanás le cruzaba el rostro porque se le subía el "don Pablo" (2ª Co. 12:7-8), y de esa manera era reubicado en la gracia que Dios sólo prodiga a los humildes. Espera nunca olvidar que todo ministro de Dios va a ser atacado con furia inaudita por cuatro maquinaciones del diablo, que con sutileza perversa va a desplegar en su contra, estas son: La fama (3ª

Jn. 9, 1ª Jn. 2:16-17), el dinero (1ª Ti. 6:10, Tit.1:11), las mujeres (2ª Ti. 3:6-7, Tit. 2:12) y... el desánimo (He. 12:3, 2ª Co. 4:1). La humildad es la clave para mantener a raya estas cuatro tentaciones, y el orgullo es la manera más fácil de ceder y quedar entrampado en cualquiera de esas ratoneras, porque tratan de usurpar la gloria que sólo a Dios le corresponde. Ahora sabe bien que las señales de las heridas son medicina para lo malo (Pr. 20:30), la cicatriz en su alma es un recuerdo que Dios le ha concedido para nunca más ceder a la sutileza de pretender algo personal, ya no le interesa el prestigio o el reconocimiento humano, no es héroe ni villano, el vaso de misericordia, es arcilla sin valor, pero que, si se mantiene humilde, podrá ser un recipiente para recibir, contener y verter la misma alteza del poder divino para gloria de Cristo y bendición del pueblo de Dios.

Es sorprendente que en los momentos más oscuros, cuando Dios está llegando al fondo del alma, le revela cosas que le trasforman en manera permanente, y fue en uno de aquellos días que Dios habló al corazón de José, recordando una profecía que le fue dada por el hermano Robert Ewing: "Si tú permaneces humilde ante mí, yo podré cumplir mi plan para contigo. Cuando Yo llamo a alguien para servirme en algo especial, también mi refinamiento debe ser especial, para que alguien a quien le concedo llevar más carga la pueda soportar, lo tengo que entrenar más intensamente y desarrollar en él más fortaleza. Vendrá el tiempo en que tú serás bendición a mucha gente, muchos vendrán a ti para ser ministrados, de otros lugares te daré hijos espirituales y tú los apacentarás, después enviaré a otros para que complementen la obra, para que no la realices solo y aprenderás a caminar con ellos. Si tú caminas humilde te respaldaré siempre" (Sal. 119:67).

Esto le hizo recordar que Costa Deir, un profeta muy maduro, le había hablado palabras similares y que, el hermano Evelio Pérez, otro profeta, le había también declarado que su ministerio crecería mientras él reposaba como un león, para que, llegado el momento de levantarse, el rugido de su espíritu haría temblar al enemigo y Dios haría prodigios; que a su tiempo entendería lo que esto significaba y de qué forma Dios lo iba a utilizar. ¡Qué paradoja! Cuando más humillado se sentía y parecía perderlo todo, vinieron estas palabras, que sonaban ridículas e increíbles, así que las guardó en su corazón pensando que no volvería a discutir con Dios acerca de si le gustaba o no el futuro que le tenía determinado.

Ha pasado el tiempo, por varios años la iglesia de Pachuca sufrió la carencia de un pastor, fue como cruzar un largo desierto en el que los principios aprendidos debían ser probados en forma intensa. Varios salieron de la iglesia desanimados; pero otros han perseverado. La vida abundante sólo puede manifestarse después de experimentar la muerte y la sepultura, para que la vida sobrenatural a la que fuimos llamados, que es precisamente la resucitada, se manifieste plenamente. El grano de trigo tiene que morir primero para que se levante el fruto abundante (Jn. 12:24).

Con el tiempo, como en los días de Nehemías, se han levantado renuevos en el alma de todos los fieles, del remanente de aquella iglesia que compartió con José su propio desarrollo. Un día tendrán ancianos, pero ahora ya tienen un pastor, y reflorecerán al conformarse a la voluntad de Dios.

Durante los primeros meses, después que Dios removió a José del pastorado de Pachuca, éste se refugió en la lectura, 4 ó 5 horas diarias cada noche. Pero eso fue un refugio falso en el que su alma se resistía a aceptar lo que Dios había decidido hacer con él. Después del año, cuando empezó a hacerse a la idea de que no regresaría a Pachuca, optó por retomar el camino de la escritura, le ayudaría a ordenar sus meditaciones y a reubicarse dentro del plan divino.

La pluma de José se deslizaba veloz sobre el papel, era como si alguien le estuviera dictando. Dios le guió en primer lugar a escribir sobre sus experiencias en la cárcel de Almoloya, por esa razón varios nombres se tuvieron que cambiar, entre ellos el suyo. Luego tomó el tema de la Salvación y, después, como tenía frescas sus experiencias en el nuevo grupo de Naucalpan, escribió sobre la importancia del Bautismo con el Espíritu Santo y de cómo fue ministrado en un culto, a personas con diferentes antecedentes religiosos y por ende prejuicios.

Empezó a fotocopiar sus escritos y a regalarlos a quienes Dios le guiaba, dentro y fuera de su iglesia, entre ellos, a algunos pastores bautistas y pentecosteses, lo cual causó un efecto positivo, aunque también recibió severas críticas de algunos, que le permitieron replantearlos para hacerlos más accesibles a personas de diferentes corrientes, pero con el corazón abierto a la Palabra de Dios.

Fue más tarde en que surgió la idea de integrar todo el material para formar un libro. Sería maravilloso que, mediante el principal medio de difusión de la misma Biblia, el impreso, pudiera alcanzar a mucho pueblo de Dios que tiene hambre espiritual. A esas alturas llevaba escritos nueve diferentes temas, así que seleccionó los siete más básicos y se concentró en relacionarlos para darles cierta continuidad, y se planteó el proyecto de seguir escribiendo para armar un segundo libro, un tercero y un cuarto. El corazón de José ardía nuevamente ante la expectativa, Dios le guió a escribir con la seguridad de que, llegado el momento, Él abriría las puertas para que alguien lo publicara. En ese tiempo José no vislumbraba que, su necesaria humillación, le había abierto la oportunidad de realizar parte de su servicio escribiendo, que nunca imaginó y que no hubiera sido posible dedicarle tanto tiempo de otra manera. Gracias a Dios que San Pablo fue encarcelado y con ello impedido de visitar a las iglesias, tal vez a muchos de aquel tiempo les pareció incomprensible el porqué Dios lo había permitido, privando a muchas iglesias de la presencia de un ministro tan maduro; pero ahora nosotros lo agradecemos, porque su ministerio no sólo alcanzó a su generación, con sus epístolas alcanzó a las iglesias de todas las épocas hasta nosotros. ¡Gracias a Dios por su sabiduría!

José no se compara con el apóstol Pablo, no, no es ese el mensaje, pero al pasar por depresiones intensas, Dios usó su aflicción para ensanchar su alma y lo condujo a vaciarse en sus escritos. David escribió sus salmos mesiánicos en sus horas más amargas, porque el dolor lo identificó con el Mesías y despertó su inspiración profética.

El primer libro se publicó hace varios años, lo intituló: *Testigos de la Verdad*, y es claro que Dios lo ha usado para bendición de muchos, aunque también ha sido causa de críticas severas, pero, por buena y por mala fama, confiamos en ser aprobados por Dios en esta empresa.

Un segundo libro intitulado Hacia la Perfección, y un tercer libro, intitulado En la madurez, que están listos para salir, tratando siempre la doctrina con sencillez y testificando de su realidad con hechos verídicos. Estos libros siguen esperando su tiempo para nacer al público.

José recibió una palabra por el profeta John Kolb, de Minnesota, que era la voluntad de Dios que siguiera escribiendo, así que en obediencia, ha escrito otro libro intitulado Sanidad Divina, que por la gracia de Dios fue publicado en el 2006, por ediciones Ariel. Tiene terminados otros libros: Uno sobre La Obra del Espíritu Santo y otro sobre Cómo Recuperar el Dominio perdido en el Edén. Que también esperamos en fe que Dios abra la puerta en su tiempo para que vean la luz y Dios los use para su gloria.

Muy pronto saldrán de imprenta siete libros de bolsillo, cada uno con una de las siete verdades leche mencionadas en Hebreos 6:1-3, que esperamos Dios use para su gloria al edificar a la iglesia del Señor, que verdaderamente anhela que Cristo venga por los vencedores. Apóyanos con tus oraciones.

Seguramente cuando se pueda leer el presente, muchas cosas más habrán pasado, y esperamos que todas ellas sean para edificación de su Iglesia y para la gloria de Dios, únicos objetivos que inspiraron esta labor.

Finalmente te invito a escuchar nuestro programa radial que se llama MESA EN EL DESIERTO, en la frecuencia 1440 de amplitud modulada, todos los viernes de 9 a 10 de la noche, hora de México. Lo puedes escuchar por internet en www.cambio1440.am y grabar nuestros estudios, que seguramente te edificarán.

Te deseo lo mejor en Cristo, que la gracia de nuestro Señor Jesucristo sea con tu espíritu. Amén.

BIBLIOGRAFÍA

El Gran Libro de la Salud, Enciclopedia Médica de Selecciones. 1990.

Enciclopedia Médica del Hogar, Editorial Cumbre S. A., 4ª edición, 1981, Tomo I.

"Hay luz al final del túnel", www.depresión.org

Depresión "Enciclopedia libre Wikipedia", es.wikipedia.org

Diccionario Enciclopédico Quillet. Editorial Cumbre SA. Tomo III

LA SANTA BIBLIA, versión 1909, Cipriano de Valera y Casiodoro de Reyna, versión digital gratuita de la iglesia Eben Ezer de Honduras, para e-Sword.

www.iglesiacristianaadullam.org

ricovich@hotmail.com

¿Se contradice la Biblia?

¿Es necesario hablar en otras lenguas?

¿Cuál es el modelo de Dios para la iglesia
Neotestamentaria?

Con Excepción de la última parte, los personajes de esta obra, son
reales y sus testimonios verdaderos.

Convencido de que la Palabra de Dios no se contradice, el autor
nos presenta en forma amena y sencilla, verdades doctrinales que
han seccionado al pueblo de Dios por mucho tiempo. No pretende
imponer su tesis: La pone respetuosamente en consideración del
lector y con la esperanza de que pueda enriquecer su conocimiento
de la verdad. La última parte es imaginaria, porque nos narra la
experiencia de alguien que, de pronto se encuentra envuelto en
cambios drásticos que están por darse en el mundo en cualquier
momento... o tal vez... cuando este libro esté en sus manos, ya se
hayan dado.

¿Es la sanidad divina para hoy?

¿Es la sanidad divina para mí?

¿Por qué no sanan todos?

En este tiempo en que Dios está restaurando todas las cosas en preparación para el retorno de Cristo (Hch. 3:21). La Sanidad Divina es el resultado de los sufrimientos de nuestro Redentor en la cruz. Es parte del paquete de gracia que Dios ha preparado para su pueblo. La Sanidad Divina es una muestra de amor y misericordia de Dios.

Sería un lamentable desperdicio no disfrutar de lo que fue adquirido por Cristo a tan alto precio. ¡Dios ama sanar tanto como ama salvar! Cuando un creyente se apropia la sanidad que Dios le da, el corazón del Señor se regocija.

Abre tu corazón a la restauración del orden divino en tu cuerpo.